本书出版受教育部哲学社会科学实验室云南大学"一带一路"研究院
教育部重点研究基地云南大学西南边疆少数民族研究中心
资助

教育部哲学社会科学实验室云南大学"一带一路"研究院丛书

主编／林文勋

美国投资贸易
指导手册

A Guide to the Investment and Trade
in the United States

许庆红　陈旻崝　等 —— 编著

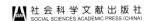

社会科学文献出版社
SOCIAL SCIENCES ACADEMIC PRESS (CHINA)

序　言

　　自 1979 年中美建交以来，双边经贸关系不断发展，贸易和投资等合作取得丰硕成果。中美关系也成为世界上最重要、最富有活力的国际双边关系之一。习近平主席曾在 2012 年中美经贸合作论坛开幕式上提出，经贸合作是中美关系的最大亮点、互利共赢是中美经贸合作的最大特点、结构互补是中美经贸合作的最大优点。2022 年 3 月 18 日，习近平主席在与美国总统拜登的视频通话中重申互利共赢的观点，提出"一个稳定发展的中美关系对双方都是有利的"。

　　中国加入世界贸易组织以来，中国企业对美国直接投资快速增长，美国成为中国重要的投资目的地。据中国商务部统计，截至 2020 年，中国对美直接投资存量约 800.5 亿美元。在世界面临百年未有之大变局的背景下，中美作为社会制度、历史传统、发展阶段不同的两个大国，两国关系正处于新的阶段。如何贯彻中央提出的中美互利共赢指导思想、适应中美经济合作的新形势以更好地开展对美投资，引起了中国投资者的广泛关注。在此背景下，云南大学和云南省驻美国（纽约）商务代表处合作撰写了这本《美国投资贸易指导手册》。

本书结合美国最新官方资料和贸易数据，分别从美国国情、美国经济与贸易、美国投资环境与政策、美国允许外商投资的行业与禁入规定、投资美国的程序与注意事项五个方面对赴美投资相关内容进行详细介绍。

第1章，美国国情概述。首先对美国的基本情况、历史沿革和地理环境进行详细介绍，其次对美国的政治制度、主要党派等政治环境进行阐述，最后对美国的民族、宗教、教育、医疗、主要媒体等社会文化环境进行多角度介绍，客观反映美国的基本面貌。

第2章，美国经济与贸易。首先分析美国整体的产业结构以及未来发展趋势，其次介绍美国的贸易主管部门、贸易法规体系以及货物进出口手续等，最后分析美国的主要贸易伙伴、贸易协定与贸易逆差状况以及中美进出口贸易额。

第3章，美国投资环境与政策。具体介绍美国投资环境与相关政策。一是对美国投资环境的优势进行总结，指出美国拥有先进的基础设施、发达的金融体系、领先的技术研发体系、充沛的人力资源和良好的营商环境五大优势。这也是美国之所以能够吸引全球投资者进行投资的重要原因。二是对美国对外国投资的鼓励政策、现行税收政策、现行土地政策和相关投资法进行系统的阐述。从中可见，美国之所以能够将众多投资者留在美国进行长期持续的投资活动，不仅依赖于其从联邦政府到州政府的全方位投资鼓励政策，还有与之相配套的细致的税收管理和针对外国投资的健全的法律体系。

第 4 章，美国允许外商投资的行业与禁入规定。一方面，对美国重点发展的产业和允许外商投资的行业进行介绍。从航空航天业到零售业，外国投资者几乎可以对美国所有行业进行投资，投资者可根据需求进行客观评估，选择最适宜的投资行业。另一方面，对美国限制外商投资的行业进行说明。限制行业并非全面禁止，而更多的是要求投资者依照美国法规行事，注重其投资行为的合法性。

第 5 章，投资美国的程序与注意事项。首先对中国在美直接投资状况进行概述；其次对在美设立企业基本程序、劳工政策及企业用工法规、在美上市流程、上市公司财务报告要求、上市注意事项、中美投资管理服务机构、对投资美国可能涉及的流程和问题均有详尽的介绍；最后是给投资者的建议，明确提出投资者需要在遵守美国法规的前提下开展经营活动。

总体而言，这是一本写给对美国投资感兴趣的人的书，具有较强的实用性和可操作性，能够为投资者提供切实的指导。在中美关系发展的新阶段，希望这本内容完备、资料翔实的手册能够帮助赴美投资者更好地了解美国的投资环境和相关要求，同时也能够推动中美两国人民之间的友好交流。

Preface

Since the establishment of diplomatic ties between China and the United States in 1979, the two countries' bilateral economic and trade relations have been developing steadily, and the cooperation in trade and investment has yielded fruitful results. China-U.S. relations have become one of the most critical and vigorous international bilateral relations in today's world. President Xi Jinping once pointed out at the opening ceremony of the China-U.S. Economic and Trade Cooperation Forum in 2012 that economic and trade cooperation has become the brightest point of China-U.S. relations. Being mutually beneficial is the most distinctive characteristic of China-U.S. economic and trade cooperation, and structural complementarity is the most significant merit of China-U.S. economic and trade cooperation. On March 18, 2022, President Xi reiterated his view of mutual benefit and win-win cooperation in a video call with U.S. President Joe Biden, proposing that a stable and growing China-U.S. relationship is in the interests of both sides.

Since China gained accession to the WTO, the direct investment of China's enterprises in the U.S. has grown rapidly, making the U.S. an important investment country for China. According to China's Ministry of Commerce, by 2020, China's foreign direct investment stock in the U.S. was about $80.05 billion. China and the United States are different in social systems, historical traditions and development stages. As the world has been experiencing profound and complicated changes, both countries are at a new historical stage in the development of China-U.S. relations. How to better implement the central government's philosophy of mutual benefit and win-win cooperation between China and the United States and how to adapt to the new situation of China-U.S. economic cooperation to carry out investment in the United States have attracted extensive attention from Chinese investors. Yunnan University and the Representative Office of Yunnan Commerce in New York have jointly composed *A Guide to the Investment and Trade in the United States*, striving to give Chinese investors rigorous, authentic and in-depth advices.

This book introduces the relevant issues of investment in the United States from five aspects, combining with the latest official information and trade data of the United States. They are: the national conditions of the United States; the economy and trade; the investment environment and policies; the industries with admission and prohibition for foreign investment; and some suggestions for investing in the United States.

The first chapter, An Overview of the United States, introduces the basic situation, historical evolution, and geographical environment of the United States in detail; then expounds the political system, core parties, and other political environments of the United States; and finally introduces its social and cultural environment of ethnic groups, religions, education, medical treatment, and major media to objectively reflect the fundamental aspects of the United States.

The second chapter, Economy and Trade in the United States, analyzes the overall industrial structure of the United States and its future development trend and then introduces the trade authorities, trade legal system, and specific import and export procedures of the United States. Finally, it explicitly analyzes the major trading partners, trade agreements, and trade deficits of the United States and the import and export situation between China and the United States.

The third chapter, Investment Environment and Policies in the United States, introduces the investment environment and related policies in the United States more specifically. On the one hand, it summarizes five strengths of the investment environment in the United States. They are the advanced infrastructure, sound financial system, leading research and development in technologies, abundant human resources, and friendly business environments. All of these are why the United States attracts investors from all over the world. On the other hand, it systematically introduces the incentive policies, current tax policies, current land policies, and relevant investment laws of the United States for foreign investment. It can be seen that the United States can successfully keep a large number of investors for a long term with their sustainable investment not only because of its comprehensive investment incentive policies but also because of its sound tax management and legal system for foreign investment.

The fourth chapter, Industries with Admission and Prohibition for Foreign Investment in the United States, introduces the key industries in the United States and those that allow foreign investment. From aerospace to retail, foreign investors can invest in almost every industry in the United States, and they can also objectively evaluate and choose the best industry for investment according to their needs. Then it explains the industries in which foreign investment is restricted. Most of the restrictions are not complete bans but more requirements for investors to comply with U.S. regulations and pay more attention to the rightfulness of their investments.

The fifth chapter, Procedures and Notices for Investing in the United States, summarizes the status of China's direct investment in the United States. It then gives a detailed introduction to the basic procedures for establishing enterprises in the United States, the labor policies and employment regulations, the procedures for listing enterprises in the United States, the financial reporting requirements for listed enterprises, China-U.S. investment service agencies, as well as possible procedures and problems involved in investing in the United States. It provides investors with some investment advice, which clearly states that investors need to conduct businesses in accordance with the laws and regulations of the United States.

Generally speaking, this book is written for those who are interested in investing in the United States. At the new historical stage in the development of China-U.S. relations, it is hoped that the publication of the book can strengthen investors' confidence in the United States and enhance the friendly exchanges between the two countries.

目　录

目录

003

CONTENTS

图目录

表目录

第1章

美国国情概述

1.1 美国的基本情况

美利坚合众国（United States of America），简称"美国"，是由华盛顿哥伦比亚特区、50 个州和关岛等众多海外领土组成的一个联邦共和立宪制国家。其主体部分位于北美洲中部，国土面积 937.26 万平方公里，2020 年人口约有 3.3 亿人，通用语言为英语，是一个移民国家。美国各州名称为亚拉巴马州、阿拉斯加州、亚利桑那州、阿肯色州、加利福尼亚州、科罗拉多州、康涅狄格州、特拉华州、佛罗里达州、佐治亚州、夏威夷州、爱达荷州、伊利诺伊州、印第安纳州、艾奥瓦州、堪萨斯州、肯塔基州、路易斯安那州、缅因州、马里兰州、马萨诸塞州、密歇根州、明尼苏达州、密西西比州、密苏里州、蒙大拿州、内布拉斯加州、内华达州、新罕布什尔州、新泽西州、新墨西哥州、纽约州、北卡罗来纳州、北达科他州、俄亥俄州、俄克拉荷马州、俄勒冈州、宾夕法尼亚州、罗得岛州、南卡罗来纳州、南达科他州、田纳西州、得克萨斯州、犹他州、佛蒙特州、弗吉尼亚州、华盛顿州、西弗吉尼亚州、威斯康星州、怀俄明州。美国主要经济中心城市包括纽约、洛杉矶、芝加哥、亚特兰大、波士顿、休斯敦、西雅图等。

1.2 美国的历史沿革

1492 年哥伦布发现美洲大陆，成为美洲大陆新的历史开端，那时的美洲还是印度安人等原住民的聚居地。自 1607 年开始，以英国为首来自各个国家的殖民者涌入美洲东岸，到 18 世纪形成了 13 个殖民地。随着殖民者在北美的持续扩张和在美殖民者对原住民的压迫渐深，1775 年，北美爆发了反对英国的独立战争并于 1787 年通过美国宪法，成立联邦制国家。19 世纪美国进入工业化时期，到 1900 年成为世界经济强国之一。内战后步入成熟阶段的美国从农业化的共和国变成了城市化的国家。美国于 1972 年与中国关系正常化，并于 1979 年正式建交。2001 年的"9·11"恐怖袭击和 2008 年的金融危机至今仍在影响着美国。2009 年奥巴马就任第 44 任美国总统后美国经济缓慢复苏，但国债猛增。2017 年特朗普就任第 45 任美国总统，其反全球化的观点和口无遮拦的作风激化了美国民族矛盾。2020 年拜登当选美国总统。

1.3 美国的地理环境

1.3.1 地理位置

美国是美洲第二大国家，位于北美洲中部，跨寒、温、热三带，东临大西洋，西濒太平洋，北接加拿大，南靠墨西哥及墨西哥湾，领土包括美国本土、北美洲西北部的阿拉斯加和太平洋中部的夏威夷群岛。领土面积 937.2610 万平方公里（其中陆地面积 915.8960 万平方公里，内陆水域面积约 20 万平方公里），加上五大湖中美国主权部分（约 17 万平方公里）、河口、港湾、内海等沿海水域面积（约 10 万平方公里），面积为 963 万平方公里，若只计陆地面积，美国世界排名第三，仅次于俄罗斯和中国，位于加拿大之前。全境由东向西可分为 5 个地理区，各个地理区自有其特色，例如东南部沿岸平原分大西洋沿岸平原和墨西哥沿岸平原两部分。这一地带海拔在 200 米以下，大多由河川冲积而成，特别是密西西比河三角洲，是世界上最大的三角洲，土质油黑，土壤肥沃，河口附近有一些沼泽地，位于这一地理区的佛罗里达半岛是美国最大的半岛。

1.3.2 气候特征

美国大部分地区属于大陆性气候，南部属亚热带气候。中北部平原温差很大，芝加哥 1 月平均气温 -3℃，7 月平均气温 24℃；墨西哥湾沿岸 1 月平均气温 11℃，7 月平均气温 28℃。

美国的降水分布特点是由沿海向内陆地区逐渐减少，其递减变化的幅度在东西两侧具有很大差异。美国降水最多的地区在美国东南部和太平洋沿岸地区，年降水量在1000毫米以上；降水最少的地区位于落基山脉之中，年降水量少于300毫米。

1.3.3　人口分布

美国人口普查局（U.S. Census Bureau）数据显示，2020年美国有3.33亿人。印第安人是美国的土著居民，今天生活在美国的白人、黑人和亚洲黄种人都是在近200多年的时间里迁移至美国的。其中，白人占57.8%，拉丁裔占18.7%，非洲裔占12.4%，亚裔占6.0%，其他占5.1%（见图1-1）。

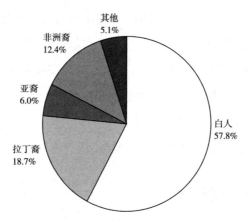

图1-1　美国人口种族构成

资料来源：中国新闻网，https://www.chinanews.com.cn/gj/2021/08-13/9542523.shtml。

各国移民移居美国后，经过长时间融合，在语言、文化和生活方式等各个方面逐渐趋于一致，他们接受了美国的生活方式，成为美国公民。

美国人口分布的特点：一是城市人口比重大；二是地区分布不均衡。70%以上的人口居住在城市，50%以上的人口分布在沿海平原和五大湖区域。近几十年以来，呈现人口从东北部向南部和西部"阳光地带"迁移的特点。

美国人口最多的州是加利福尼亚州。据统计，2020年加利福尼亚州人口约为3951万人。美国最大的城市是纽约。2020年，纽约市的人口超过850万人，这比美国的人口第二大城市（洛杉矶）、第三大城市（芝加哥）的总和还要多。

2020年，美国的华人和华侨约有520万人，分布比较广泛。华人和华侨最为集中的五个区域为：加利福尼亚州（California），华裔人口占总华裔人口的36.9%；纽约州（New York），华裔人口占总华裔人口的16.9%；新泽西州（New Jersey）占4.4%；得克萨斯州（Texas）占4.2%；佛罗里达州（Florida）占4.1%。在旧金山、纽约和洛杉矶等城市还有华人聚居的、富有民族特色的"唐人街"（Chinatown）。

1.3.4　自然资源

美国自然资源丰富，矿产资源总探明储量居世界首位。2020年《世界能源统计》数据显示，2019年底，美国探明煤炭储量为 2495.37 亿吨，居世界第一位。[1] 有色金属矿以铜、铅、锌为主，部分为三者共生矿，其中，铜矿探明储量 5100 万吨（金属量）[2]，居世界第六位；铅矿探明储量 500 万吨（金属量），居世界第六位。[3] 战略矿物资源钛、锰、钴、铬等主要靠进口。

美国油气资源主要分布在全国五大油气区 30 多个油气盆地中。五大油气区分别为：墨西哥湾含油气区、北美地台含油气区、加利福尼亚含油气区、落基山含油气区和阿拉斯加含油气区。目前探明的石油储量主要集中在得克萨斯、路易斯安那、阿拉斯加和加利福尼亚 4 个州。得克萨斯州的石油储量占美国总储量的 22%，路易斯安那州占 20%，阿拉斯加州占 20%，加利福尼亚州占 18%。美国煤炭资源则主要分布在蒙大拿、伊利诺伊、怀俄明、西弗吉尼亚、堪萨斯、宾夕法尼亚、得克萨斯和印第安纳等州，其中，蒙大拿州和伊利诺伊州是美国煤炭资源最丰富的两个州，蒙大拿州煤炭资源量占美国煤炭总资源量的 24%，而伊利诺伊州占美国煤炭总资源量的 21%。美国金属矿产资源如铜、铅、锌、金、银、钼、铀等主要分布在西部地区，包括内华达州、犹他州、亚利桑那州、蒙大拿州、爱达荷州、加利福尼亚州、阿拉斯加州、

---

[1]　黄文杰：《美国煤炭工业发展趋势》，《中国煤炭》2021年第1期。
[2]　《中美铜矿产业大比拼，储量上美国更胜一筹》，聚汇数据网站，2022年2月16日，https://data.gotohui.com/list/170340.html。
[3]　《中美铅矿产业比较》，腾讯网，2022年3月22日，https://new.qq.com/omn/20220322/20220322A03EQA00.html。

科罗拉多州和新墨西哥州等。铁矿资源则主要分布在苏必利尔湖区一带。美国非金属矿产资源则遍布全美各地，尤其以东部和西部地区居多。

美国有超过 7.5 亿英亩（约 300 万平方公里）的森林，其中约 2/3 是林地。从造纸业到建筑业等众多行业都依赖于美国丰富的木材资源。

同时，美国淡水资源总量巨大，约为 2.95 万亿立方米，排名世界第四，仅次于巴西、俄罗斯和加拿大。人均淡水资源丰富，为中国人均量的 5 倍，接近 1.2 万立方米。辽阔的地域上平原、山脉、丘陵、沙漠、湖泊、沼泽等地貌类型均有分布，山地占国土面积的 1/3，丘陵及平原占 2/3。境内地势东、西两侧高，中间低。东部与西部大致以南北向的落基山东麓为界，这一界线也是美国太平洋水系和大西洋水系的分水岭，两边的气候和自然条件差异较大。

1.4 美国的政治环境

1.4.1 政治制度

美国是一个宪政共和国，在政治体制上，采用"三权分立"和权力制衡制，行政、立法、司法这三种最基本权力由总统、国会和法院分别承担并相互制约以维持权力结构的平衡。

【国会】

美国国会为最高立法机构，由参、众两院组成。国会的主要职权有立法权、行政监督权、条约及官员任命的审批权（参议院）和宪法修改权以及对总统、副总统的复选权等。

【总统】

美国总统每四年选举一次，1951 年开始生效的美国宪法第 22 修正案规定总统连选连任不得多于两次（由于"二战"的原因，获得长达 12 年任期的富兰克林·罗斯福总统例外）。虽然总统和副总统选举是以全民普选方式举行，但美国总统由选举人团选举产生（选举人团的构成要符合各州的普选结果），并非由选民直接选举产生，获得半数以上选举人票者当选总统。

2021 年 1 月 20 日，美国民主党总统候选人乔·拜登正式宣誓就任美国第 46 任总统，民主党副总统候选人卡玛拉·哈里斯正式就职美国副总统。

【法院】

美国法院机构的基本框架分为联邦法院和各州地方法院两个不完全独立的系统。联邦法院由联邦最高法院、联邦上诉法院、联邦地区法院及联邦特别法院组成。联邦最高法院有权宣布联邦与各州的法律无效；如果诉讼案件不涉及联邦宪法，州最高法院的判决是最终判决；如果涉及联邦宪法，诉讼某一方可以以州最高法院的判决侵犯其联邦宪法权利为由把案件进一步上诉至联邦最高法院。

1.4.2 主要党派

【美国共和党】

美国共和党（Republican Party）成立于 1854 年。共和党在政治上强调小政府、反对大的制度变革，尊重建国时期的传统；在社会议题上倾向保守主义；在经济上主张政府采取不干预经济、减税、自由市场等保守的经济政策，并且与华尔街（象征大企业）和商业街（象征中小企业）都有紧密的关系，但很少获得工会团体的支持。共和党支持小政府、低税赋，在经济议题上主张限制政府规模，并且支持商业发展，推动亲企业和工商业的政策，但在一些社会议题上（如堕胎）共和党则强烈反对。

1861 年，林肯就任美国第 16 任总统，也是第一位出自共和党的总统。此后至 1933 年的 70 多年中，除 4 届总统共 16 年外，共和党一直主政白宫。1933 年以后，曾有艾森豪威尔、尼克松、福特、里根、老布什、小布什以及特朗普等执政。

2020 年美国参议院选举后，原由共和党控制的佐治亚州两个参议院席位均被民主党夺取，两党各占参议院 100 席中的 50 席，但因 2020 年美国总统选举中民主党候选人乔·拜登获胜，其副总统候选人卡玛拉·哈里斯将成为参议院议长，从而获得决定性一票，故共和党亦失去对参议院的控制。

【美国民主党】

美国民主党（Democratic Party）前身是 1792 年杰斐逊创立的民主共和党，民主党的根基原本是倾向白人、蓝领、工人阶级和农民利益，但现在转变为获得东西岸及五大湖地区大都会居民、工会、城市中下层乃至底层、女性、非裔、拉美裔、亚裔、犹太裔及LGBT[①]族群的支持。

19世纪50年代末，民主党发生过一次分裂，部分北方民主党人参与组建反奴隶制的共和党。1861~1885年在野。在1885~1933年的48年中，该党执政16年，先后由克利夫兰和威尔逊出任总统。1933年开始，民主党人罗斯福、杜鲁门、肯尼迪、约翰逊、卡特、克林顿、奥巴马先后当选总统。

2020年乔·拜登带领民主党赢得总统与国会两院选举，这次的双双胜利使民主党拿回执政权及参议院控制权，恢复了在联邦政府层级的完全执政，并产生美国首位女性副总统卡玛拉·哈里斯。

1.5　美国的社会文化环境

美国是一个民族与种族多元化的国家，经历早期英国和爱尔兰的移民奠定主导型影响后，随着各个国家的移民涌入给美国带来多元素的民族文化，美国已经形成了独特的社会文化特征。美国文化产业非常发达，产值占GDP的20%左右，其总体竞争力居世界首位。

---

① 　LGBT是女同性恋者（Lesbian）、男同性恋者（Gay）、双性恋者（Bisexual）与跨性别者（Transgender）的英文首字母缩略词。

1.5.1 民族

美国早期移民政策的宽松使得美国拥有多样化的民族，现在美国已成为一个多民族国家。美国主要人口是英国移民后裔，占总人口的 60%~70%，拉美国家移民及其后裔占 12%~15%，非洲移民后裔占 10%~12%，法国移民后裔约占 5%。其他比较有影响的民族还有德国人、犹太人、西班牙人、爱尔兰人、意大利人、中国人、阿拉伯人等。[1]

1.5.2 宗教

美国是多元宗教文化的国家。全国人口中约 54.6% 的居民信奉基督教新教，23.9% 信奉天主教，少数人信奉犹太教、东正教、佛教、伊斯兰教等。[2]

1.5.3 教育

美国由各州为自己辖区内的学校制定教育政策，所以 50 个州的教育体制相差很大。美国初等和中等教育共 12 年，从 6 岁到 18 岁，所有州要求孩子们上学上到 16 岁，除非他们严重残疾。

美国作为公民受教育程度最高的国家之一，每年在教

---

[1] 《对外投资合作国别（地区）指南：美国（2021年版）》，第6页，http://www.mofcom.gov.cn/dl/gbdqzn/upload/meiguo.pdf。

[2] 《对外投资合作国别（地区）指南：美国（2021年版）》，第6页，http://www.mofcom.gov.cn/dl/gbdqzn/upload/meiguo.pdf。

育上的支出达到 1.1 万亿美元，占 GDP 的比重为 5%。2009 年，美国高等教育入学率达到 89%。2016 年，有 33.4% 的美国成年人拥有本科及以上学历，8.7% 的公民拥有硕士及以上学历。

美国的高等教育始于 1636 年。美国最好的科研型大学有位于东部的哈佛大学、耶鲁大学、普林斯顿大学、哥伦比亚大学和麻省理工学院，位于西海岸的斯坦福大学和加利福尼亚大学伯克利分校。美国的教育水准在联合国的经济指数调查中列为世界第一。

美国的学校按年龄分为以下四个阶段。

【小学】

1~6 年级（6~12 岁）。

【中学】

7~8 年级（13~14 岁）。

【高中】

9~12 年级（15~18 岁）。

【大学（学院）】

一般为四年制的大学本科，也有两年制的初级学院和技术学院，还有 2~4 年的"研究院"或"专业学院"，为大学毕业学生从事研究而设立。

美国的大学习惯上分为以下三类。

【两年制学院】

又称初级或技术学院，大部分为公立，多半为地方社区举办，故一般称为社区学院。

【四年制学院】

大体有两类：一类是文理学院或文科学院，另一类是独立的专科学院。

【综合性大学】

综合性大学规模庞大、组织复杂、师资充实、设施完备。

1.5.4　医疗

据世界卫生组织统计，2016 年美国全国医疗支出为 3.2 万亿美元，人均寿命为 78.6 岁。美国在 2010 年通过了医疗保险改革法案，现在美国的保健系统以医疗保险为基础，以医疗保险、老年医保、贫困医保为三大支柱，具体为：有工作的雇员通过雇主购买保险公司的医疗保险；联邦政府向 65 岁以上的老年人和残疾人提供的联邦医疗保险，即老年医保；联邦政府和各州政府合资向最贫困的美国人提供的协助医疗保险，也叫贫困医保。

2021 年 11 月 12 日，美国联邦政府宣布将大幅提高医疗保险费用，到 2022 年预计增长 14.5%。[①]

1.5.5　主要媒体

美国媒体主要由几种不同的媒体种类构成，包括报纸、

---

① 殷岳、许骁：《美国宣布将大幅提高医疗保险费》，央视新闻，2021年11月14日。

期刊、电视广播以及新兴的媒体形式。它们在引领世界话语、传播自由民主的价值观和宣扬美国国家形象等方面起到了重要作用。但随着媒体行业垄断加剧，美国的新闻自由程度已经明显下降。

【报纸】

美国没有国有报社，大部分报纸都是私人所有，它们根据定位和政见不同所报道的新闻也有各自的特点。美国各大报纸主要情况见表1-1。

表1-1　美国各大报纸主要情况

报纸名称	主要特点
《纽约时报》（*The New York Times*）	1851 年创刊，为苏兹贝格家族（Sulzberger）所有，在业内被视为全国性的"档案记录报"，是美国亲自由派的第一大报
《华盛顿邮报》（*The Washington Post*）	1877 年创刊于华盛顿，为贝索斯家族所有，擅长报道美国国内政治动态，立场属亲自由派，在全美受众较广
《洛杉矶时报》（*The Los Angeles Times*）	创刊于 1881 年，是美国发行量最大的报纸之一
《华尔街日报》（*The Wall Street Journal*）	1889 年创刊，属默多克家族，是美国最具影响力的报刊，也是美国发行量最大的报纸之一，还有多种语言国际版发行
《基督教科学箴言报》（*The Christian Science Monitor*）	1909 年创刊，由基督教科学出版社出版，方针是"不伤害任何人，帮助所有人"
《芝加哥论坛报》（*The Chicago Tribune*）	创刊于 1947 年，在芝加哥出版。美国销量第五大报纸。它以美国伊利诺伊州的芝加哥为基地，是芝加哥地区和美国中西部的主要日报

报纸名称	主要特点
《今日美国》 （*USA Today*）	由甘尼特集团（Gannett News Papers）于 1982 年创刊，是美国唯一的彩色版全国性对开日报
《世界日报》 （*World Journal*）	创立于 1976 年，至今已发展成为北美地区最大的中文报纸，同时也是美国少数几家发行全国的日报之一
《星岛日报》 （*Sing Tao Daily*）	于 1938 年创办，旨在为中产阶层读者群提供客观而深入的新闻报道，尤以教育和地产新闻深入人心
《侨报》 （*The China Press*）	创立于 1990 年，每天在洛杉矶、纽约、旧金山三地同步印刷发行，并行销全美众多华人聚居的城市

【杂志】

由于英语读者的庞大规模，美国有庞大的杂志出版业，并设有专门奖项用以表彰表现卓越的美国杂志。美国各大杂志主要情况见表 1-2。

表1-2　美国各大杂志主要情况

杂志名称	主要特点
《时代周刊》 （*Times*）	创刊于 1923 年，有美、欧、亚、南太平洋 4 个版本，涵盖了全球的事件，《时代周刊》已被公认为是美国最重要的新闻杂志之一
《新闻周刊》 （*Newsweek*）	《新闻周刊》通常被视作观点比《时代周刊》和《美国新闻和世界报道》更自由的杂志
《读者文摘》 （*Reader's Digest*）	是一本创刊于 1922 年的家庭月刊，于 2009 年同意申请破产保护

杂志名称	主要特点
《美国新闻与世界报道》（U.S. News & World Report）	与主要竞争者《时代周刊》《新闻周刊》相比，立场最为保守，主要报道与民众日常生活相关的新闻，包括政治、经济、公共健康、教育、理财等，而极少报道娱乐新闻和名人轶事
《彭博商业周刊》（Bloomberg Business Week）	是美国的商业性杂志，于 1988 年起每年发表美国工商管理硕士（MBA）排行榜。最近每年也发表美国各大学商学院科系的排名
《财富》（Fortune）	是一本美国商业杂志，由亨利·鲁斯创办于 1929 年，拥有专业财经分析和报道，以经典的案例分析见长，是世界上最有影响力的商业杂志之一。《财富》杂志自 1954 年推出世界 500 强排行榜，历来都成为经济界关注的焦点，影响巨大。《财富》杂志举办了一系列引人注目的财经论坛，如开始于 1995 年、著名的"《财富》全球论坛"（即世界 500 强年会）便是其中之一

【电视广播公司】

美国家庭电视普及率很高，是美国人民获取信息的主要形式。美国广播作为与电视相辅相成发展起来的形式，在美国人民生活中也占据了相当的比重。美国各大电视广播主要情况见表 1-3。

表1-3　美国各大电视广播主要情况

电视广播公司	主要特点
哥伦比亚广播公司（Columbia Broad-casting System，CBS）	公司总部：纽约，1927 年 2 月 18 日创办。是一家商业广播电视和广播网络，是 ViacomCBS 旗下 CBS Entertainment Group 部门的旗舰资产

电视广播公司	主要特点
美国广播公司（American Broadcasting Company, Inc, ABC）	公司总部：纽约。是一家跨国商业广播电视网络
全国广播公司（National Broadcasting Company, NBC）	公司总部：纽约，1926 年创办。是康卡斯特拥有的美国英语商业广播电视和广播网络。NBC 是三大电视网络之一，有时也因其孔雀标志被称为"孔雀网络"
福克斯广播公司（Fox Broadcasting Corporation, FOX）	公司总部：洛杉矶。是福克斯公司拥有的美国商业广播电视网络
美国中文电视（Sino Vision, 又称华视）	公司总部：纽约。24 小时英语频道，目前有 7 个独立制作的节目，分别专注于新闻、语言、文化和教育，旨在向华侨内外的美国人宣传中国文化，与中国中央电视台、上海国际频道（ICS）和北京电视台除了部分节目的合作制作外，英语频道有时还会直接播出中央电视台、ICS 和北京电视台的节目
天下卫视（Sky Link TV）	公司总部：洛杉矶。是历史最为悠久的美国 24 小时全天候播出的华语卫星电视台，成立于 1989 年，由中国台湾美籍华人财团投资，在美国洛杉矶创建，原名为北美电视。天下卫视目前拥有 3 个频道，分别播出国语和粤语的节目，包括自制的国粤语新闻以及外购的中国大陆、韩国、中国香港和中国台湾影剧和综艺节目
凤凰卫视美洲台（Phoenix North America Chinese Channel）	公司总部：洛杉矶。是一家具有中资背景的电视台

【新媒体】

随着互联网使用人数的增加和社交平台的不断发展，Twitter、Facebook[①] 等社交软件逐渐成为重要的发声阵地。不

---

① 已更名为Meta。

少纸媒纷纷转型，其影响力逐渐超越纸媒实体，甚至中国官媒也在社交平台与两国人民进行良性互动，并添加了专属标签以示区别。以 Twitter 为例，就有大量参与地缘政治和外交事务的政府账号、官媒实体账号、与官媒实体有关的个人（如编辑或知名记者）的账号之分。在美国较有影响力的中方新媒体主要情况见表 1-4。

表1-4　在美国较有影响力的中方新媒体

新媒体	主要特点
@Global Times（《环球时报》）及其总编辑 @Hu Xijin（胡锡进）	在 Twitter 上分别有 187 万和 45 万关注者，《环球时报》是中共中央直属事业单位《人民日报》社主办的国际新闻报纸。在中国大陆和外国社媒上都具有相当的影响力
@PDChinese（《人民日报》，*People's Daily*）	在 Twitter 上有 76 万关注者，作为中国官方媒体和中国第一大报，《人民日报》积极推动全球化布局，已成为中国官方对外发布信息的重要渠道之一。《人民日报》在各个海外社交媒体平台进行了较为全面的布局，其旗下的各个《人民日报》海外社交媒体账号粉丝总计突破千万，具有良好的对外传播效果
@SCMP（《南华早报》，*South China Morning Post*）	在 Twitter 上有 84 万关注者，其主体位于中国香港，面向全世界，其报道具权威性，且独立中肯，在业内享负盛名，该报一直是中国香港地区、亚洲乃至世界范围内最具公信力的报刊之一。其独立的思维和高质量内容增加了全球视野及触角，备受海内外广大读者称赞
@XHNews（新华社，Xinhua News Agency）	在 Twitter 上有 1233.7 万关注者，新华社是代表国家与政府声音的权威机构，致力于提升海外社交媒体传播意识，主动运用海外社交媒体进行传播，快速和客观地进行全球新闻的真实报道，其在外网具有一定影响力，动态新闻及时准确，解释性报道角度独特，稿件被国内外网络媒体大量转载，深受海内外读者的好评与支持

新媒体	主要特点
@Echinanews（中国新闻网，China News）	在 Twitter 上有 63.34 万关注者，中国新闻网作为为世界提供权威的中国新闻的媒体代表之一，以对外报道为主要新闻业务，是沟通海内外交流与合作的纽带和桥梁。自创办以来，中新网内容不断丰富，影响日益扩大，是全球互联网中文新闻资讯较重要的原创内容供应商

资料来源：① 韦路、丁方舟：《社会化媒体时代的全球传播图景：基于Twitter媒介机构账号的社会网络分析》，《浙江大学学报》（人文社会科学版）2015年第6期，第91~105页。②树上的男爵：《新华社和CCTV的推特账号影响力究竟如何？》，今日头条，2016年1月22日，https：//www.toutiao.com/i6242582869894496770/?in_ogs=2&traffic_source=CS1118&utm_source=VV&source=search_tab&utm_medium=wap_search&prevent_activate=1&original_source=2&in_tfs=VV&channel=&enter_keyword=CCTV+%E6%96%B0%E9%97%BB%E3%80%81CCTV+%E7%BE%8E%E5%9B%BD%E4%BB%A5%E5%8F%8A+%E3%80%8A%E5%8D%97%E5%8D%8E%E6%97%A9%E6%8A%A5%E3%80%8B。

第2章

美国经济与贸易

2.1 美国的经济表现

从 20 世纪初期至今，美国的经济发展便一直处于全球领先地位。2020 年全球 GDP 达到 84.54 万亿美元，而美国的 GDP 为 20.94 万亿美元，占全球 GDP 的比重为 24.8%。2016 年美国的 GDP 为 18.03 万亿美元，居世界第一位；人均 GDP 为 55904.30 美元，居世界第五位。

美国是世界上吸收外资最多的国家。2018 年，美国吸收外国直接投资（Foreign Direct Investment，FDI）为 2964 亿美元，相较于 2017 年增长了 8.7%。上升的很大一部分原因是美国在 2017 年底推出了《减税与就业法案》（Tax Cuts and Jobs Act，TCJA），促使美国跨国企业在 2018 年前两个季度将大量留存的海外收益汇回，同时因为税率的降低也吸引了大批外资对美国投资的青睐。美国基础设施完备、投资环境优越、行政效率较高，整体营商环境优越。世界银行《2020 年营商环境报告》将美国列为十个世界上做生意的最佳地点之一。[①]

2020年，在经济下行的环境下，全球FDI总规模大幅下滑，比2019年下降35%（见图2-1）。但就全球FDI流入额排名而言，相较于2019年，2020年美国的FDI流入额虽然减少了近一半，但依然在全球排名中位列第一，为1560亿美元。[②]

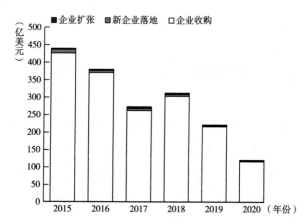

图2-1　2015~2020年美国吸收FDI情况

资料来源：Bureau of Economic Analysis, U.S. Department of Commerce, https://www.bea.gov/data/intl-trade-investment/new-foreign-direct-investment-united-states。

2.1.1　产业结构及发展概况

美国是世界上经济最发达的国家，尤其是"二战"以后，

---

① 《〈2020年营商环境报告〉——保持改革步伐》，世界银行网站，2019年10月25日，https://www.shihang.org/zh/news/feature/2019/10/24/doing-business-2020-sustaining-the-pace-of-reforms。
② 《吸引FDI，中国去年追平美国》，《环球时报》2021年6月22日。

美国经济持续增长，这一发展态势与其产业结构的调整密切相关。

【美国产业结构的发展历史】

美国在 19 世纪末 20 世纪初基本完成了由农业国向工业国的过渡，工业产值在 1890 年第一次超过了农业产值，第二产业上升为主导产业，占 53% 左右。经过 20 世纪 20~50 年代的工业化阶段，美国第一产业和第二产业占比不断下降，第三产业变为主导产业，占 50% 左右。20 世纪 60~70 年代，借助国际产业转移的契机，美国实现了信息产业占主导地位的产业结构调整，信息产业比重达到 50% 以上。1980 年，三次产业比重为 2.5∶33.5∶64，劳动力也迅速由第一、第二产业向第三产业转移。20 世纪 80~90 年代，美国除了在高技术产业领域保持领先势头外，还对一些必不可少的传统工业进行了技术改造：用新技术、新工艺来改造传统工业，使其传统工业产品在世界市场上继续保持较高的竞争力。这一时期，美国"服务化经济"的特征越来越明显，2009 年美国第三产业比重达到 77.4%。由于美国高技术产业的发展以及克林顿政府削减资本收益税等政策的实施，第二产业的相对地位保持较稳定的态势。2020 年，美国第三产业增加值为 14.76 万亿美元，占 GDP 比重已经升至 76.89%，美国已经相当依赖服务业。[1]

---

[1] Service Sector of the U.S. — Statistics & Facts，https://www.statista.com/topics/7997/service-sector-of-the-us/#dossierContents_outerWrapper.

第 2 章 — 美国经济与贸易

【美国产业的发展情况】

美国的第一产业主要由农业、林业、渔业以及相关的其他产业构成，当前农业在美国第一产业中的占比达到 80% 左右，林业、渔业以及其他相关的产业在第一产业中的占比相对较低。尽管从当前美国产业比重来看，第一产业占比已持续下降到 1% 以下，但美国仍然是世界上的农业大国和农业强国。

美国的第二产业由采矿业、公用事业、建筑业、制造业构成，其中制造业长期以来都占据较高的比重。随着第三产业的发展，制造业在国民经济中的比重持续下降，2007 年美国制造业增加值占 GDP 的比重甚至下降到 59.46%，该数值为 1947 年以来的最低值。不过，近年来随着美国"再工业化"战略的推进，制造业比重呈现上升势头，2020 年占比上升到 61.94%，在整个国民经济中的比重占到 10.8%[1]，仍然是美国国民经济中最重要的产业之一。第二产业内部结构的变化反映出美国产业结构的不断优化，即由劳动力密集型向知识技术密集型转变，由中低端制造业向高端制造业转变。

美国第三产业内部的发展过程实现了由传统的服务业向新兴的服务业的转变。目前，美国的第三产业当中规模占比相对较高的部门分别为金融保险不动产及租赁、公共管理、专业商业服务、教育医疗社会救助、批发贸易、服务贸易，

---

[1] Bureau of Economic Analysis，U.S. Department of Commerce，https：//www.bea.gov/data/gdp/gdp-industry.

这些细分领域的规模当前都超过万亿美元，其规模总和占第三产业的比重达到 82.61%。

2.1.2　未来产业发展

1980 年以来，美国产业政策的重点是利用经济全球化与信息化两大趋势推动制造业的振兴和高技术服务业的发展，并以此为契机促进产业结构调整和升级，从而带动就业的增加和促进就业结构的优化。

【振兴制造业】

美国制造业的振兴与汽车工业的崛起密切相关。以通用、福特和克莱斯勒三大汽车巨头为代表的汽车工业变革，不仅涉及科技创新，还包括管理创新和组织结构变革，这些改变使美国汽车行业走在了全球前列。随后，通过各行业对产业链的延伸及相关产业的培育，美国的钢铁、半导体、航空、化工、电子设备、电子元件和计算机软件等产业也得到了飞速发展，从而为美国增加了大量的就业机会。

【发展信息产业】

随着互联网的商业化，美国抓住发展机遇进入了信息时代。美国的信息产业快速发展，不仅带动整个国民经济的迅速发展和经济结构的改善，也使就业规模同步扩大。

【发展高技术服务业】

以技术创新为前提的高技术制造业需要大量相关服务业的配套发展，因此以开发研究、技术服务、风险投资管理为代表的高技术服务业在美国的相关产业政策支持下得到了迅猛的发展。其从业人员增长速度大大超过了高技术制造业从业人员增长速度，从而为美国增加了新的就业空间。

【未来的产业政策】

美国未来的产业政策可能会将"技术、劳动力、供应链"三方面作为保障先进制造业领导地位的核心要素。在技术方面，捕获智能制造系统的未来、开发世界领先的材料和加工技术、确保通过国内生产制造得到医疗产品、保持在电子设计和制造方面的领先地位、增加粮食和农业制造业机会；在劳动力方面，吸引和发展未来的制造业劳动力、更新和拓展职业技术教育途径、推动学徒制和获得业界认可资质、将技能工人与需要他们的行业相匹配等；在供应链方面，提高中小制造企业在先进制造业中的地位、鼓励制造业创新生态系统建设、加强国防制造业基础建设、加强农村先进制造业建设等。[1]

近年来，各个国家都把未来产业摆在十分突出的位置，密集出台规划政策，谋划布局未来产业发展，并从研发投入、市场培育、法律制度方面给予大力支持，努力抢占未来发展先机。

继 2019 年美国发布的《美国将主导未来产业》报告中将人工智能、先进制造、量子信息和 5G 列为四大未来产业之

---

[1] National Science and Technology Council, Subcommittee on Advanced Manufacturing, U S Government, Strategy for American Leadership in Advanced Manufacturing（Independently Published, 2019）, pp.8-17.

后，2021 年 1 月，美国的总统科技顾问委员会（President's Council of Advisors on Science and Technology，PCAST） 又向拜登政府提交了《未来产业研究所：美国科学与技术领导力的新模式》咨询报告。未来产业研究所（Industries of the Future Institutes，IotFIs）是美国为实施未来产业发展战略设计的新型创新主体。未来产业研究所是面向国家战略需求组建，多部门参与、公私共建、多元投资、市场化运营的一个研发机构，具有独特的组织模式和管理机制。

未来产业研究所建设的主要目标是促进从基础应用研究到新技术产业化的创新链全流程整合，推进交叉领域创新，促进创新效率提高，成为美国未来产业研发体系中的核心主体。还意图确立在人工智能、量子信息科学、先进制造、生物技术、先进通信网络等领域的领导地位。

未来产业研究所的七大功能在于：一是推进基础研发和应用研发领域的多学科和多部门合作创新；二是营造促进知识流动和创意涌现的研究环境；三是设计和实施技术快速开发和推广应用的创新框架；四是培育跨学科跨领域多元化发展的优秀未来科技人才；五是为美国国家科研生态系统提供多样化组织结构创新的试验场；六是促进高技术人力资源发展；七是成为美国科技规划、科技政策和价值观的主要贡献者。[①]

2021 年 3 月，拜登政府发布的《国家安全战略临时指南》

---

① 《未来产业研究所：美国版的："新型研发机构"》，搜狐网，2021年2月22日，https://www.sohu.com/a/451874507_777213。

提出，美国必须在新兴技术、太空、网络等领域发挥领导作用，并将中国视为未来最大战略竞争对手，为了应对中国等经济体的威胁，美国国防部应该将支出转移到影响未来军事和国家安全优势的尖端技术上。

2021 年 6 月，美国颁布规模超过 2500 亿美元的《2021年美国创新和竞争法案》，该法案集中于促进人工智能、半导体、量子计算、通信、生物技术、能源等产业的发展，旨在通过扩大政府在科研中的作用，提升美国在科技产业领域的全球领导地位。

在新冠肺炎疫情防控常态化时期，"绿色复苏"成为全球发展主流趋势的背景下，该法案将清洁能源作为主要投资领域。针对新冠肺炎疫情发生后维护产业链、供应链安全可控的需要，拜登签发了"购买美国货"的行政令，命令审查美国供应链脆弱问题，提出要和理念相似的"民主国家"组成联盟，共同保卫关键供应链、技术链的安全，并在该法案中批准 520 亿美元支出用于鼓励增加美国本土的半导体生产。同时该法案提出 5 年内为美国国家基金会提供 1000 亿美元，资助对人工智能、机器学习、机器人、高性能计算和其他先进技术的研究。另外美国商务部将拨款 100 亿美元，用来建设关键技术和研发、创新中心。①

---

① 曹鸿宇、黄小军、瞿亢、张明捷、张琰、黄晓：《全球主要经济体产业政策动向、影响及应对》，《中银研究》2021 年第 42 期。

2.2　美国的贸易管理体系

2.2.1　贸易主管部门及职能

美国贸易的优势不仅体现在科技的不断创新和产业结构的优化变革上，而且体现在其持续完善健全的管理体系上。美国不仅设置了管理贸易的专门机构，而且形成了联邦政府与地方政府、政府与民间组织的有效协调机制。各个部门各司其职，协同促进了美国贸易额的稳定增长。

【美国国会】

美国国会的对外贸易管理权通过制定法律、批准条约、决定征税以及掌握开支等方式行使。

【美国贸易代表办公室】

白宫直属部门，负责制定和实施贸易政策、对外贸协定的谈判、对外国的不正当贸易做法进行调查与报复、执行"301"条款、处理有关美国在世界贸易组织和 OECD 涉及的贸易和商品问题的相关事务；处理联合国贸易和发展会议相关事项，以及其他多边机构中涉及贸易问题的有关事项和其他多边与双边贸易谈判。

【美国商务部】

主要职责是促进国家的对外贸易、经济增长和技术进步，并负责出口促进事务、出口管制和进口管理；防止来自国外的不公平贸易竞争，包括反补贴和反倾销调查等；负责美国贸易法律和法规的实施，提供相关帮助和信息以提高美国企业在世界经济中的竞争力，执行促进全球贸易、加强美国国际贸易和投资地位的政策和计划；监控和实施涉及商务的多边贸易谈判；负责国际经济政策，旨在降低阻碍美国国际贸易和投资的外国政府壁垒；为企业和政府决策部门提供社会和经济统计数字与分析报告；支持科学和技术成果的利用；制定技术发展政策；向总统提供有关联邦政府政策、工商业和国家经济方面的建议。

【美国财政部】

直接控制某些关键的对外贸易管理，负责国际金融事务，代表美国在国际货币基金组织和世界银行中发挥作用。

【美国农业部】

负责与农产品有关的商品贸易，并设立商品信用公司为美国农产品出口提供优惠信用。

【美国国防部】

负责国家安全事务，也负责涉及国家安全方面的经济政策，其重要职责之一是负责战略物资的出口管理。

【美国司法部】

负责反托拉斯事务及长臂管辖（Long-arm Statute）。

【美国能源部】

负责原油的进口和能源政策。

【美国海关和边境保护局】

海关和边境保护局的主要职责是确定和征收进出口关税；办理人员、运输工具、货物和邮件进出美国的手续；执行出口管制；制止欺诈性进出口贸易行为等。

【美国国际贸易委员会】

主要是根据美国国会的授权，拥有与贸易有关事务的广泛调查权；负责收集和分析贸易、产业数据，并将其提供给美国行政和立法部门，据以制定美国的贸易政策；负责反倾销、反补贴、保障措施方面的产业损害调查、特保案件调查、"337"调查以及"332"调查，公正客观地执行美国贸易救济法；为美国总统、美国贸易代表和国会提供独立的、高质量的有关关税、国际贸易和产业竞争力方面的信息、相关分析报告与咨询；维护美国"协调关税细则"（HTS）。

2.2.2 贸易法规体系

美国的贸易法规体系由三大部分组成：基本法、部门法和国际协定。

【基本法】

基本法是由美国国会立法，各行政部门根据国会法律制定的行政法规、国际协议。

（一）进出口商品检验检疫

美国的进出口商品检验检疫由数家不同的联邦机构和民间检验公司负责。联邦机构既负责检验又负责检疫，民间检验公司只负责检验不负责检疫；联邦机构只收取一定的规定费用，民间公司则收取检验费并以盈利为目的。

（二）海关管理规章制度

美国海关和边境保护署的主要职责是确定和征收进出口关税；办理人员、运输工具、货物和邮件进出美国的手续；执行出口管制；制止欺诈性进出口贸易行为等。

（三）主要进口管理制度

根据美国最新修订的《莱西法案》要求，2008年12月15日开始，进口商在进口《莱西法案》所涉植物时均需提交进口申报表，说明进口货物包含的所有植物的学名、数量和来源地，否则产品将被没收；出口企业如不能按进口商要求提供信息，将面临失去客户的风险；如因申报不实接受调查、无法清关，则可能因收不回货款而遭受经济损失。

（四）主要出口管理制度

为维护国家安全，推进美国对外政策的实施，限制生化武器及导弹技术扩散，以及确保一些短缺物资在国内充足供应，美国以《1979年出口管理法》《出口管制条例》（EAR）和《武器出口控制法案》等法律为核心，对部分产品实行出口管制。2010年11月，时任美国总统奥巴马宣布成立出口执法协调中心（Export Enforcement Coordination Center，E2C2）和信息处理部门，以提高美国出口管制管理水平。

【美国的贸易法律框架】

（一）出口管制改革法案

1. ECRA 法案

美国商务部工业安全局根据2018年《出口管制改革法案》

（Export Control Reform Act，简称 ECRA 法案）发布了"拟定规则的预先通知"（ANPRM）。ECRA 法案除了将现行做法编入法律外，亦把新的重点和潜在管控放在"新兴和基础技术"上，并修订了出口许可程序，要求衡量出口是否将对"美国国防工业基础产生重大不利影响"，从而实质性地改变了美国出口管制识别新兴和基础技术的要求。ECRA 法案第 1758 条要求美国商务部、国防部、能源部和国务院等政府部门协调制定一个常规程序，用于识别对美国国家安全而言至关重要的"新兴和基础技术"。

2. 审查程序

审查程序获取信息的渠道包括：①可公开获取的信息；②机密信息；③美国外资投资委员会（CFIUS）对交易调查和审查的有关信息；④某些咨询委员会。因此，ECRA 法案可能促进国家安全部门之间信息共享。

3. 新兴和基础技术

ECRA 法案未定义"新兴技术""基础技术""对国家安全至关重要"等术语，但至少拥有"新兴和基础技术"的公司需要获得许可才能将该等技术出口至美国禁运的国家，包括武器禁运国（如中国和委内瑞拉）。

4. 向 CFIUS 和国会报告

根据 ECRA 法案，上述政府部门应每 180 天向 CFIUS 和国会提交审查结果报告。

5. 升级许可程序，纳入对美国国防工业基地影响的评估

ECRA 法案第 1756（d）（1）条修改了出口许可审查程序，要求工业安全局评估产品出口对美国国防工业基地的影响，并驳回将对美国国防工业基地产生"重大不利影响"的出口申请。

6. 增强民事处罚、执法和合规法律咨询

ECRA 法案第 1760 条对违反 EAR 条例行为的民事处罚从每次处以 29.51 万美元增加至最高达 30 万美元，或处以交易额 2 倍的罚款（以金额更高者为准），民事处罚仍包括剥夺出口特权。故意违反 EAR 条例行为的刑事处罚仍为每次处以 100 万美元的罚款，个人违法行为最高可判处 20 年的监禁（或二者并处）。

7. 法案更新

2020 年 11 月 18 日，美国商务部工业与安全局（BIS）对《出口管制条例》进行了修订，本次修订除了确保 EAR 与 ECAR 的一致性之外，还聚焦于扩大出口管制执法权限，具体包括：①许可证前检查和装运后核查；②海外检查权：对美国境内外的出口、再出口和转移（国内）进行搜查、检查、扣押、查封；③检查账簿、记录和其他资料；④违规和处罚。①

---

① King & Wood Mallesons：《美国〈出口管制条例〉》，CUSTOMS BUSINESS，2020年12月5日，https://www.chinalawinsight.com/2020/12/articles/customs-business/%E7%BE%8E%E5%9B%BD%E3%80%8A%E5%87%BA%E5%8F%A3%E7%AE%A1%E5%88%B6%E6%9D%A1%E4%BE%8B%E3%80%8B%E6%9C%80%E6%96%B0%E4%BF%AE%E6%94%B9%E8%A7%A3%E8%AF%BB/。

（二）反倾销

美国反倾销案调查和判定机构有两个：美国国际贸易委员会（International Trade Commission，ITC）和美国商务部（Department of Commerce，DOC）。

1. 国际贸易委员会

美国国际贸易委员会负责调查国外进口涉案产品对美国国内同类产业产品是否造成了实质性损害，或造成了实质性损害的威胁，或阻碍了国内产业的建立，并负责在调查基础上做出是否构成损害以及倾销与损害之间是否有因果关系的判定，并以投票方式做出裁定。[①]

2. 商务部

美国商务部负责判定进口涉案产品在美国市场上的销售是否构成倾销，以及对其倾销幅度进行具体调查和裁定，具体工作由其下属的国际贸易署负责。如果商务部对倾销做出肯定性裁定，国际贸易委员会也同时对损害做出了肯定性裁定，商务部再就倾销进口的产品做出征收反倾销税的裁定。

3. 美国海关

美国海关（U.S. Customs Service）根据美国国际贸易委员会和商务部做出的肯定裁定和征收反倾销税命令，负责征收反倾销税。

4. 美国国际贸易法院

美国国际贸易法院（United States Court of International

---

① 《朱哲：浅谈实质性损害的威胁》，国际经济法网，2014年5月25，http://ielaw.uibe.edu.cn/wtoflzdyj/7289.htm。

Trade）负责受理涉案当事人对反倾销行政裁定不服而提起司法审议的请求。美国国际贸易法院仅就行政裁决是否有足够证据支持，或是否有违法行为进行审查和裁决，不重新调查有关反倾销的事实。

5. 联邦巡回上诉法院

联邦巡回上诉法院（U.S. Court of Appeals for the Federal Circuit）旧名为"海关与专利上诉法院"，由 3~5 位法官组成审判小组，有权对美国国际贸易法院的审判进行审查。联邦巡回上诉法院的判决为上诉二审判决，能够确认美国国际贸易法院的判决或推翻其判决而发回重审。

6. 美国最高法院

从理论上讲，当事人如果不服联邦巡回上诉法院的判决，可向最高法院（Supreme Court of the United States）上诉。但在实际中这种情况非常少见。

2.2.3　货物进口手续

进口货物办理海关手续后方可进入美国，运抵后直接进入外贸区（即保税区）的货物并不经过海关。

【进口人】

美国允许个人进口自用或商用货物并自行办理报关手续。进口人应承担确保其货物符合所有进口规定的责任（如合理标识、符合安全标准、在货物运抵美国之前取得必要的进口许可证等）。在海关报关单上须填写进口人号码，可填写国家税务局营业注册登记号码，如进口人未在国家税务局进行营业注册或系个人进口，则提供社会保险号码。

【申报人】

进口货物应由其货主、购货商或报关代理办理报关手续。如货物运交"指定人"，则持有经发货人背书的海运提单（或空运单）的人有权办理报关手续。最常见的情况是，由持有运货到进境口岸的承运人所开具的货主证明书（承运人开具的证明书）的人或公司（即海关意义上的"货主"）办理报关手续。

【货物运抵口岸】

货物运抵口岸时，海关并不通知进口人，一般应由承运人通知进口人。法定进口人（指货主、购货商、货主或购货商指定的报关代理、收货人）应在进境地海关办理报关手续，并协调验放安排。如想快速通关，可在货物运抵前进行预申报，但预申报货物运抵口岸前海关不会给予放行许可。

【申报方式】

采用电子申报。即通过美国海关与边境保护局的"自动化商业系统"（Automated Commercial System，ACS）提交电子报关单，纸质申报则在海关与边境保护局指定地递交纸质报关单。

【报关步骤】

（一）一阶段报关

货物运抵美国口岸之日起 15 日内，应向美国海关与边境保护局指定地交验进境舱单、进口申报权证明、商业发票、装箱清单、报关单证，以及用以确定货物是否可以入境的单证和税费担保证明等报关单证。海关确定符合放行条件后，担保验放。

（二）二阶段报关

货物担保验放后 10 个工作日内，货主或其报关代理应向指定海关交验下列单证，申报征税和贸易统计需要的信息，缴纳预估税费：①货物验放后退给进口人、报关行或其代理人的一阶段报关单证回执联；②二阶段报关单（海关与边境保护局 7501 表格）；③计征关税、贸易统计、证明货物已满足所有进口规定而需要的其他单证。

【关于货物查验和单证审核】

海关通过对货物进行查验，对单证进行审核，确定以下情况：①货物完税价格；②货物是否需标注原产国，是否需施加特殊标识、标签，标识是否正确；③货物当中是否有禁止类物品；④发票是否以正确方式开具；⑤货物是否存在溢短装，与发票不符；⑥货物当中是否有非法麻醉品等。

2.2.4 货物出口手续

出口货物需由货主负责申报，并做好相应存证。

【申报人】

根据《美国出口管理条例》的规定，货主（发货人）为法定出口人，如货主委托货代办理出口报关手续，出现问题时由货主承担责任。

【出口货物申报】

货物出口时，必须办理报关手续，全面、准确填写出口单证信息，并按海关要求交验相关单证，否则货物可能会被扣留、没收，货主可能被处以罚款、受到政府审计或负面通报。出口时一般应交验下列单证：《货主出口报关单》、报关所需的商业文件（如合同、商业发票、提单、运单、装箱单、保险单、载货清单等）、目的地管制声明、运输（转运）文件、批文、许可证、认证书和（或）限制性货物出口的许可文件、计算海关税费与出口退税的资料和其他单证。

【出口单证和记录保存期限】

出口商应自出口之日起将所有出口单证和记录保存 5 年。如届时出口商无法提供，可能受到传讯。对每一票货物，美国出口法律均要求出口商及出口过程中涉及各方保存以下单证和记录：批文申请、许可证申请、国际进口证书申请、国际进口证书、交货确认证书或类似交货证明、空运单、海运提单、码头收据、承运人出具的简式提单及其他出口通关单证、备忘录、记录、信函、合同、招标书、形式发票、客户购货订单、装箱清单和商业发票。

2.3 美国的对外贸易概况

2.3.1 主要贸易伙伴

2020 年美国商品贸易总额为 37682 亿美元（见表 2-1），

中国、墨西哥和加拿大是美国最主要的商品贸易伙伴，三国贸易总和占比超过美国商品贸易总额的四成（43.2%）。

表2-1　2020年美国主要贸易伙伴及商品贸易总额排名

单位：亿美元，%

序号	国家	商品出口额	商品进口额	商品贸易总额	占比
1	中国	1246	4354	5600	14.9
2	墨西哥	2127	3254	5381	14.3
3	加拿大	2554	2704	5258	14.0
4	日本	641	1195	1836	4.9
5	德国	578	1151	1729	4.6
6	韩国	512	760	1272	3.4
7	英国	590	502	1092	2.9
8	瑞士	180	748	928	2.5
9	越南	100	796	896	2.4
10	印度	274	512	786	2.1
前10个国家和地区商品贸易总额		8802	15976	24778	65.8
美国商品贸易总额		14316	23366	37682	100

注：①美国贸易总额按季节性调整的国际收支计算，商品贸易按非季节性调整的人口普查计算。出口数字是在一个免运基础上的出口总额。进口数字是美国通用进口商品的海关价值。②中国数据不含港澳台。

资料来源：Division of Economic Indicators，U.S. Department of Commerce，https：//www.census.gov/foreign-trade/statistics/highlights/top/top2012yr.html。

具体而言，2020年美国商品进口总额为23366亿美元，自中国进口4354亿美元，占美国进口总额的18.6%，在美国进口来源地中居首位（见表2-2）。

表2-2　2020年美国商品进口总额排名

单位：亿美元，%

序号	国家	商品进口总额	占比
1	中国	4354	18.6
2	墨西哥	3254	13.9
3	加拿大	2704	11.6
4	日本	1195	5.1
5	德国	1151	4.9
6	越南	796	3.4
7	韩国	760	3.3
8	瑞士	748	3.2
9	爱尔兰	655	2.8
10	印度	512	2.2
前 10 个国家和地区商品进口贸易总额		16129	69.0
美国商品进口贸易总额		23366	100

注：①美国贸易总额按季节性调整的国际收支计算，商品贸易按非季节性调整的人口普查计算。出口数字是在一个免运基础上的出口总额。进口数字是美国通用进口商品的海关价值。②中国数据不含港澳台。

资料来源：Division of Economic Indicators，U.S. Department of Commerce，https：//www.census.gov/foreign-trade/statistics/highlights/top/top2012yr.html。

美国商品出口总额为 14316 亿美元，出口加拿大 2554 亿美元，占美国出口总额的 17.8%，在美国出口目的地中居首位。墨西哥次之，中国排名第三（见表 2-3）。

表2-3 2020年美国商品出口总额排名

单位：亿美元，%

序号	国家	商品出口总额	占比
1	加拿大	2554	17.8
2	墨西哥	2127	14.9
3	中国	1246	8.7
4	日本	641	4.5
5	英国	590	4.1
6	德国	578	4.0
7	韩国	512	3.6
8	荷兰	455	3.2
9	巴西	350	2.4
10	比利时	276	1.9
前10个国家和地区商品出口贸易额		9329	65.2
美国商品出口贸易总额		14316	100

注：①美国贸易总额按季节性调整的国际收支计算，商品贸易按非季节性调整的人口普查计算。出口数字是在一个免运基础上的出口总额。进口数字是美国通用进口商品的海关价值。②中国数据不含港澳台。

资料来源：Division of Economic Indicators，U.S. Department of Commerce，https：//www.census.gov/foreign-trade/statistics/highlights/top/top2012yr.html。

同时，2020年美国对外商品服务贸易总额约为49456亿美元，同比下降12.21%。其中，出口约21344亿美元，同比下降15.58%；进口约28111亿美元，同比下降9.47%（见表2-4）。

表2-4 2015~2020年美国进出口商品服务贸易额统计

单位：百万美元，%

年份	总额	同比	出口	同比	进口	同比
2015	5028259	-4.08	2263907	-4.71	2764352	-3.55
2016	4920938	-2.13	2208072	-2.47	2712866	-1.86
2017	5288572	7.47	2387391	8.12	2901181	6.94
2018	5658703	7.00	2539383	6.37	3119320	7.52
2019	5633389	0.45	2528262	-0.44	3105127	-0.46
2020	4945566	-12.21	2134441	-15.58	2811125	-9.47

资料来源：U.S. Department of Commerce, Census Bureau, Division of Economic Indicators，https：//www.bea.gov/sites/default/files/2021-12/trad1021.pdf。

2.3.2 贸易协定与贸易逆差

贸易协定关乎国与国之间的商贸往来。美国作为经济大国和超级强国，一直以来都是全球范围内贸易协定的积极参与者。贸易逆差反映国与国之间的商贸状况，也是经济运行状况的重要指标。

【贸易协定】

美国是双边、多边及区域一体化协定的重要参与方与推动者。美国是《关税和贸易总协定》（GATT）的创始国之一，也是WTO最重要的创始成员国之一。根据WTO的统计，美国已经同20个国家和地区签订了14个双边或区域自由贸易协定。此外，美国先后推出《跨太平洋伙伴关系协定》（TPP）和《跨大西洋贸易与投资伙伴协定》（TTIP）两大区域自由贸易协定（FTA）谈判。

（一）跨太平洋伙伴关系协定

美国总统特朗普在 2017 年 1 月上任没多久，就签署政令宣布美国退出《跨太平洋伙伴关系协定》。其实这一协定基本上可以说是"胎死腹中"，因为在其尚未得以全面实施之前，美国就已经抽身而退。

（二）跨大西洋贸易与投资伙伴协定

美国与欧盟发起的《跨大西洋贸易与投资伙伴协定》在经历了 3 年多的谈判以后，未能达成共识。由于磋商过程不透明，加上环保组织和贸易团体认为 TTIP 实际上允许美国公司规避欧盟在健康、安全和环境的监管，可能降低欧洲食品安全标准并破坏环境，长期以来 TTIP 都面临较大争议。

（三）北美自由贸易协定

美国与加拿大以及墨西哥在 1992 年签署《北美自由贸易协定》（North America Free Trade Agreement，NAFTA），在该协定的框架之下于 1994 年成立了北美自由贸易区，成为全球最大自由贸易区。美国总统特朗普自 2017 年上任以来曾多次批评《北美自由贸易协定》造成美国制造业岗位流失，在特朗普政府的促成之下，《北美自由贸易协定》重启谈判。2018 年 11 月 30 日，美国、墨西哥和加拿大就更新《北美自由贸易协定》达成一致并签订更新协定，新的贸易协定被命名为《美国—墨西哥—加拿大协定》（United States-Mexico-Canada Agreement）。

【贸易逆差】

根据美国商务部数据，2020 年美国贸易逆差达 6767 亿美元，较 2019 年增长了 17.30%，是自 2008 年国际金融危机以来的历史新高。中国作为美国最大的贸易逆差国，2020 年美国对华贸易逆差为 3108 亿美元，占总量的 45.79%。其中，美国对华出口总额达 1246.5 亿美元，同比上升 17.1%。同期进口 4354.5 亿美元，同比下降 3.6%。欧盟是美国第二大贸易逆差伙伴，逆差额达到 1843 亿美元。墨西哥是美国第三大贸易逆差伙伴，美国对墨贸易逆差增加 214 亿美元，最终为 1137 亿美元。其中，2020 年，美国对墨西哥出口减少 448 亿美元，至 2115 亿美元；进口减少 309 亿美元，至 3251 亿美元。[①]

由东盟十国发起、共计 15 个国家参加的《区域全面经济伙伴关系协定》（RCEP）于 2020 年 11 月 15 日正式签署，该协定旨在通过削减关税及非关税壁垒，建立统一市场的自由贸易协定。经批准生效后，各成员之间关税减让以立即降至零关税、10 年内降至零关税的承诺为主。根据协定规定，RECP 在 2022 年 1 月 1 日生效。

2021 年 8 月 5 日，美国国会研究部（CRS）发布《区域全面经济伙伴关系协定》研究报告。报告中指出，RCEP 对美国贸易政策的影响主要在三个方面。

一是区域和全球规则制定方面。RCEP 或限制美国经济影

---

① US Census Bureau：U.S. Trade in Goods by Country，https：//www.census. gov/foreign-trade/balance/index.html.

响力，具体将会表现在中国企业加快将制造业转移至东盟国家，部分国家借助RECP实现自身供应链多样化。

二是商业利益和贸易谈判策略方面。若RCEP缔约方利用关税减让和原产地规则与美国竞争对手进行贸易，重新调整供应链，美国在该区域的商业活动有遭到抑制的可能，区域贸易模式或将改变。

三是战略利益方面。美国国会应对RCEP地缘政治影响进行评估，并做出回应。美国缺席RCEP和CPTPP，导致美国缺乏足够工具激励其他国家对美国采取友好的外交政策。RCEP的签署不仅将使缔约国影响力大大增强，而且还将吸引更多国家加入，如英国和印度。[①]

总体来说，RCEP的生效会加强缔约国之间的联系，可以预见美国的贸易逆差会因此进一步扩大。

2.3.3 中美进出口贸易额

据美国商务部统计，2020年，美国与中国商品贸易总额约为5592亿美元，同比增长0.20%。其中，美国出口中国约1245亿美元，同比增长16.95%，占美国出口总额的8.7%；美国自中国进口约4357亿美元，同比下降3.52%，占美国进口

---

① 《美国国会研究部发布报告分析RCEP对美国贸易政策的影响》，中资企业（新加坡）协会，2021年8月31日，http://www.cea.org.sg/%E7%BE%8E%E5%9B%BD%E5%9B%BD%E4%BC%9A%E7%A0%94%E7%A9%B6%E9%83%A8%E5%8F%91%E5%B8%83%E6%8A%A5%E5%91%8A-%E5%88%86%E6%9E%90-rcep-%E5%AF%B9%E7%BE%8E%E5%9B%BD%E8%B4%B8%E6%98%93%E6%94%BF%E7%AD%96%E7%9A%84/。

总额的 18.7%（见表2-5）。

表2-5　2015~2020年美国与中国商品进出口贸易额统计

单位：百万美元，%

年份	总额	同比	出口	同比	进口	同比
2015	599075.1	1.17	115873.4	-6.29	483201.7	3.14
2016	578014.8	-3.52	115594.8	-0.24	462420.0	-4.30
2017	635162.3	9.89	129997.2	12.46	505165.1	9.24
2018	659532.4	3.84	120289.3	-7.47	539243.1	6.75
2019	558098.7	-15.38	106447.3	-11.51	451651.4	-16.24
2020	559234.4	0.20	124485.4	16.95	435749.0	-3.52

资料来源：Division of Economic Indicators，U.S. Department of Commerce，https：//www.census.gov/foreign-trade/balance/c5700.html。

第3章

美国投资环境与政策

3.1 美国投资环境优势

美国是世界上规模最大和最发达的经济体。不仅在金融体系、市场体制和国家政策等方面给予了外国投资者充分的支持，而且在基础设施、技术研发、人才资源等方面给予投资者充分的保障。因此，美国也在吸引外国经营者投资环境的主要指数排名中接近最佳。

3.1.1 先进的基础设施

美国拥有发达的交通体系。公路、铁路、水运和航空，形成了连接全国和全球各地完整的交通网络。美国的交通基础设施发达，公路和高速公路系统覆盖全国。根据世界银行 2018 年 10 月公布的全球物流绩效指数，美国的国际物流绩效指数为 3.89，在 168 个国家中排名第 14 位，位居前列。[①]

美国也拥有发达的通信网络，丰富的能源资源，水资源、煤炭和天然气储量丰富。同时，美国广阔的疆域也为使用多种类型的发电设备提供了便利条件，因此具备发电能源多样性的基础。美国的国家创新基础设施建设在其科技创新中起着基础性、支撑性作用。从这些方面来看，美国的基础设施建设完备，前景较好，为国际直接投资提供了良好的环境和机遇。

3.1.2　发达的金融体系

美国金融体系主要由三部分组成，即联邦储备银行系统、商业银行系统和非银行金融机构，由美国联邦储备银行主导。同时，美国拥有世界上最为庞大和复杂的金融监管体系，其金融监管是应金融市场的需求且经历数次经济危机的考验而不断发展和完善起来的。美国发达的金融体系为美国经济的发展起到了重大的促进作用。

3.1.3　领先的技术研发体系

美国是当今世界最发达的国家，科学技术得到高度重视和充分发展。美国的独立研究实验室达 11 万余个，其中较大

---

① 《联结以竞争：全球经济中的贸易物流，物流绩效指数及指标报告》，世界银行网站，2018年10月，https：//data.worldbank.org.cn/indicator/LP.LPI. OVRL.XQ?most_recent_value_desc=true。

型的政府研究机构 600 多个。虽然 2008 年发生了影响全球经济的金融危机，但据"世界经济论坛"公布的《2008~2009 年全球竞争力报告》分析，美国重视科技投入，经济结构优越，人才创新能力突出，这些都使得美国长期居于全球最具竞争力经济体前列。

3.1.4　充沛的人力资源

美国的人才战略在国家发展过程中发挥着十分重要的作用，务实和独特的人才视角是美国建功立业的基础。从美国的国家发展历程中可以明显看出，美国从早期重视人文教育，到有意识引进劳动力、农业人才、科学人才、技能人才，从而建立大平台，引进和开发高科技人才和 STEM 人才，采取了一系列务实可行的办法。这都反映了美国实施的人才与国家发展战略目标相结合、人才与产业需求深入融合、人才和使用条件相结合、平台建设和人才成长相结合的政策。

3.1.5　良好的营商环境

世界银行对全球 190 个经济体进行调查得出的《2020 营商环境报告》显示，美国的总体营商环境在全球排名第 6。另外，美国各项营商环境的便利程度在全球大多也具有较强的竞争力，营商环境便利度得分为 84 分。其中，获得信贷排名第 4，合同执行排名第 17，申请建筑许可排名第 24，整体营商环境良好。①

美国是一个法治社会，各行各业都有详尽的法规和制度要求。同时，美国行业协会体制发达，为保护行业利益甚至会游说政府改变其决策，还会帮助行业开拓市场、举办研讨会、出版杂志，为行业会员提供有力的市场资讯。美国的法律体系健全、行业协会发展成熟，这为美国金融市场的发展、国际合作平台的构建以及人力资源的丰富起到了关键的作用，从而使美国具有良好的投资环境。

美国的知识产权制度在宪法中有明确规定，即联邦政府有责任"通过保障作者和发明者对其著作和发明享有一定时间的独占权利来促进科学和有用艺术的进步"。在科技领域，基础性科学发现的知识产权基本上是荣誉性的，而技术发明的知识产权（主要是专利权）最直接地推动着科技成果的产业化。

3.2 美国对外国投资的鼓励政策

3.2.1 鼓励政策框架

美国在外国直接投资领域长期奉行自由政策，基本不设限制。但基于国家安全、统计等需要，美国在投资领域确立了投资报告制度，对某些投资有权进行审查，并在航空、通

---

① 《世界银行：2020年营商环境报告》，国开联网站，2020年8月3日，http://www.goclee.com/viewpoint/details/613。

信、原子能、金融、海运等相对敏感行业实行有限的国民待遇和市场准入。根据美国的《国际投资和服务贸易普查法》，不同类型的外国投资应向不同的政府部门进行报告。中长期间接投资应向美国财政部报告。外国个人如在美国进行农业土地交易，则必须在交易完成后 90 天内向农业部报告个人和交易信息。对其他的外国直接投资，在直接投资交易发生后的 45 天内，必须在美国商务部经济分析局登记初步的直接投资调查报告。

3.2.2　行业鼓励政策

美国联邦政府共出台了 10 项与资金支持相关的项目，主要涉及清洁能源贷款担保、创新材料和先进碳捕捉技术流程、资助国际科技教育竞争、石油资源等项目。以清洁能源项目为例，美国自 1973 年石油危机之后就开始重视清洁能源的发展和法律保障机制的建立，并形成了较为完善的清洁能源法律体系，依据这些法律建立的可再生能源配额制、绿色电力上网制度以及公共效益基金等在美国清洁能源发展中发挥了重要的作用。

【全面实施可再生能源配额制】

美国是世界上最早实施可再生能源配额制的国家，最早于 1983 年在爱达荷州（Iowa）实施。截至 2017 年底，美国共有 29 个州实施了可再生能源配额制。虽然美国至今没有通过国家级的可再生能源配额制，但大量的联邦立法议案包含有强制性可再生能源配额制。

【大力鼓励绿色电力上网制度】

美国各州的电力公司开展了许多绿色电力公众参与项目，这些项目可分为三类：第一类可称为绿色电价，即供电公司为绿色电力单独制定一个绿色电价，消费者根据各自的用电量自由选择一个合适的绿色电力比例；第二类为固定费用制，即参与绿色电力项目的用户每月向提供绿色电力的公司缴纳固定费用；第三类是对绿色电力的捐赠，用户可自由选择其捐赠份额。

【及时设立公共效益基金】

公共效益基金（Public Benefit Fund，PBF）是可再生能源发展的一种融资机制，可为那些不能完全通过市场竞争方式来达到其目的的特定公共政策提供启动资金。公共效益基金的资金采用系统效益收费，即通过电费加价或其他方式来筹集。该基金可以为项目开发提供生产激励、折扣和补助金，为产业开发提供商业补贴、可再生能源生产补贴，为新发电项目提供股份投资，用于研究开发项目、市场培育与公众教育，以及对低收入人群进行能源补贴。

3.2.3　地区鼓励政策

美国是一个联邦制国家，各州和地方政府拥有自己的立法、行政和司法的权利。对于地区发展和吸收外资的政策主要依靠各州政府自己制定，各地方政府会根据当地经济发展的特点和需求制定相应的外资政策，具体政策可以在各州政府网站上查询。

对外贸易区（Foreign Trade Zone，FTZ）作为美国特殊经济区域的主要形式，是通过允许入区的外国货物延迟缴纳关税等方式，鼓励在美国境内开展经济和生产增值等活动，即相当于保税区的概念。对进入美国市场的外国商人来说，对外贸易区的重要特点是他们可以把货物运到市场的门口，有把握做到立刻交货，并可避免在行情看跌后因装运延误而被取消订单。对外贸易区的另一个特点是厂商在区内有展览商品的权利。区内的设备可用来举行外国商品展览会，无须保税，展览时间没有限制，也没有必须运送出口或缴纳关税的规定。

3.3　美国现行税收政策

美国是典型的财政联邦主义，分为联邦、州和地方（郡县、市镇村）三个级次。各级政府事权范围、管辖地域不同，没有上下级关系，各自的权力通过宪法等法律规定，各级政府只需向本辖区的选民负责，而无须向上级政府负责。

美国税制是美利坚合众国税收法规和稽征管理制度的总称。美国税制是以所得税为主体的税制体系。每个政府都有相对独立的主体税种，形成联邦税、州税、地方税的体系，州和地方有较大的税收管理权。此外存在联邦政府对州和地方的转移支付。

3.3.1　税收管理体制

美国的联邦、州、地方三级政府根据权责划分，对税收实行彻底的分税制。联邦与州分别立法，地方税收由州决定。三级税收分开，各自进行征管。这种分税制于美国建国初期已开始形成。联邦一级税收的基本法律是《国内收入法典》。

税收立法权在参议院和众议院，由财政部提出的税收法律、法令经国会通过，总统批准后生效。

【居民纳税人税收征收管理】

（一）税务登记[①]

在美国，每一个税收居民都需要向国内收入局申请办理税号。识别号码长期有效，且一个实体只能申请一个号码。按照美国的法律，一般而言，绝大多数生意或者实体都需要雇主识别号码（Employer Identification Number，EIN）作为美国国内收入局的识别号码以处理税务相关事宜。原则上来说，如果在美国注册公司，必须申请雇主识别号码，否则无法在美国开展业务、开设银行账户或者进行年终报税。因此，申请雇主识别号码是非美国公民在美国开设公司后的重要一步。

（二）账簿凭证管理制度

美国使用的会计准则由财务会计基金会（FAF）所属的财

---

① Individual — Tax Administration，https://taxsummaries.pwc.com/united-states/individual/tax-administration.

务会计准则委员会（FASB）和政府会计准则委员会（GASB）制定，称为通用会计准则，也就是 GAAP。

1. 账簿设置要求

根据美国通用会计准则，企业纳税人在记账时需要设置不同科目，用来准备企业损益表和资产负债表等财务报表。损益表上的常见科目有收入（Revenue）、费用（Expense）、营业外收入（Gain）和营业外支出（Loss）。企业因其行业类型、资产规模和运营情况不同，其账簿设置也有所差异。

2. 账簿凭证的保存要求

根据美国通用会计准则及相关税法规定，企业纳税人的账簿凭证、税务申报表和其他支持性文件需要妥善保管。企业纳税人就其账簿凭证应保存 10 年，相关的审计支持性文件应保存 7 年，而各种税务申报表及相关税务支持性文件应保存 3 年。

3. 发票等合法票据管理

在美国，收据（Receipt）充当了发票的部分职能。收据是在购销商品、提供或者接受服务以及从事其他经营活动中的收付款凭证。企业纳税人需提供收据作为各种支出的合法凭证，并需要妥善保存所有收据及其他支持性文件，以备各级税务机关随时抽查。

（三）纳税申报

美国不同税种有不同的纳税申报要求，下面将分别详细介绍。

1. 企业所得税申报纳税

企业所得税的纳税人可以任意选择各自的纳税年度，即纳税的起讫日期，但一经确定，就不得随意改变。计税方法包括权责发生制、现金收付制或其他会计核算方法。若纳税人年收入高于 500 万美元，则纳税人必须使用权责发生制。另外，任何计税方法的改变都需通过提交 3115 号申报表以获得美国国内收入局的许可。纳税人应在每年 4 月 15 日前提交预计申报表和上年实际纳税表，并按预计申报表在该纳税年度的 4 月 15 日、6 月 15 日、9 月 15 日、12 月 15 日前，按一定的比例缴纳企业所得税。企业所得税按年一次征收。纳税人可在其选定的纳税年度终了后三个半月内申报纳税。年度亏损可向后无限期结转，但可抵扣上限为未来年份应纳税所得额的 80%。

2. 预提所得税申报纳税

预提所得税扣缴义务人需在外国税收居民付款次年的 3 月 15 日之前提交 1042-S 号纳税申报表，并按年提交 1042 号纳税申报表。扣缴义务人可以通过提交 8809 号申报表而将 1042-S 号申报表的申报期限延长 30 天，如果扣缴义务人还需延长申报期限，则应在首次延长期限届满之前再次提交 8809 号申报表。扣缴义务人可以通过提交 7004 号申报表将 1042 号申报表的申报期限延长 6 个月。扣缴义务人需使用电子转账方式预存预提税款（以美元缴纳）。

3. 个人所得税申报纳税

美国纳税人必须每年向国内收入局、拥有居住地管辖权并征收所得税或净值税的所在州或地方税务局提交纳税申报表。纳税人需要在本纳税年度终了后第四个月的 15 号之前提交年度个人所得税纳税申报表。纳税人需要在联邦个人所得税纳税申报表上填报所得额、税前扣除额和免税额，并计算应纳税额。除了个人自行缴纳的个人所得税外，税款通常由雇主在支付工资薪金时代扣代缴。纳税人如未按期进行纳税申报或逾期缴纳税款，将会被征收罚款和滞纳金。

根据美国联邦税法规定，无论是美国雇主还是外国雇主，就其向雇员支付的相关薪酬均需要代扣代缴个人所得税以及员工需要承担的社会保险和医疗保险。此外，雇主还需要就其员工在美国工作取得的薪酬数额向所在地税务局进行信息申报。

对于没有雇主识别号码的外国雇主，通常由其美国关联公司代其行使代扣代缴以及申报义务。

一般情况下，在美国取得工资薪金收入的个人无论是否为美国居民，都需在美国缴纳社会保险和医疗保险。

4. 销售和使用税申报纳税

大多数州的销售税由卖方代收代缴。使用税则由买方自行评估。如果卖方在某一地区被要求代收销售税，则其需要在该地区提交销售税纳税申报表。大部分地区都规定纳税人需按月提交纳税申报表，符合一定条件的代收税款数额较小的卖方适用较长的申报期限。部分州允许纳税人使用合并纳税申报表申报州和地区销售税，但大部分地区要求纳税人提交单独的地区销售税纳税申报表。部分地区允许或要求纳税人进行电子申报。如果买方在应税货物使用地未缴纳过销售税，则需要在当地申报缴纳使用税。部分州允许个人直接在其个人所得税纳税申报表中申报使用税。所有征收销售税的州均要求卖方至少每季度缴纳一次代收的销售税。

5. 关税申报纳税

进口商有义务就进口货物进行报关并缴纳关税，进口商必须在货物抵达美国入境口岸后或离开保税仓库或外贸区前15天内就进口货物的价值、原产国和其他信息进行报关。报关单中必须包含进口货物发票和所有进口货物装箱单（或类似清单）。进口货物的应纳关税由美国海关与边防局在进口商报关后进行核定，在进口商清缴关税税款前，进口货物不得放行。部分加入美国海关与边防局自愿自行评估安排（Voluntary Self-assessment Program）的进口商可以自行评估其应纳关税。用邮递方式进口的货物适用特殊的关税规则。

纳税人需在货物入关之前清缴关税税款。美国海关与边防局在纳税人清缴关税后放行进口货物。目前大部分货物的应纳关税由进口商自行评估并向美国海关与边防局进行电子申报。纳税人就特定进口货物缴纳的关税，如果该货物在复出口时没有实质性改动，则纳税人可以申请退税。

6. 财产税申报纳税

财产税纳税义务在主管税务机关要求纳税人缴纳时才会发生。要求纳税的方式通常为向应税财产所有人或抵押权人邮寄税款账单。各地区对财产税的缴纳期限和缴纳方式规定各不相同。有些地区规定纳税人在每年1月1日前清缴财产税税款，有些地区要求纳税人预缴财产税。

7. 消费税申报纳税

纳税人需要提交720号纳税申报表申报并缴纳消费税。720号纳税申报表中未包含的其他消费税税种，纳税人需提交其他纳税申报表申报缴纳。

纳税人应在每季度终了后次月的最后一天之前提交720号纳税申报表。未按规定预存税款或需就应税燃料缴纳消费税的纳税人在一定条件下将被要求每月或每半月进行一次申报。纳税人可以进行电子申报。纳税人从事某些消费税应税行为（如汽油、柴油混合等）需要使用637号表进行注册登记。

一般而言，纳税人需每半月预存一次消费税税款，预存截止期限为本半月期间结束后第14天。通信税和航空运输税预存税款期限为每年9月。纳税人必须使用电子转账方式预存税款。

8. 印花税申报纳税

一般而言，纳税人就转让或销售不动产，或者以不动产抵押担保贷款到公共行政机构进行注册登记时，将发生印花税纳税义务。

9. 薪资税申报纳税

如果符合规定条件，大多数雇主需要按照联邦失业税法案（FUTA）缴纳联邦和州失业税。

一般情况下，雇主必须每年提交 940 号表格和雇主年度联邦失业（FUTA）纳税申报表，并每季度提交 941 号表格。

缴纳联邦失业保险税的纳税人需在公历年度结束后次月的最后一天之前提交 940 号纳税申报表。代扣代缴薪资税，缴纳社会保险税和医疗保险税的纳税人需在每季度终了后次月的最后一天之前提交 941 号纳税申报表。纳税人可以进行电子申报。

纳税人需使用电子转账方式预存税款。如果纳税人根据规定需要用联邦电子纳税系统（EFTPS）缴纳联邦税，但通过纸质书面方式缴纳的，即使按时支付了税款，也将被处以未缴税罚款。

联邦失业保险税纳税人的年应纳税额超过 500 美元的，必须在申报前至少按季预存税款。薪资税代扣代缴人和社会保险税、医疗保险税纳税人需每月或每半周预存一次税款。纳税人应在每个公历年度开始之前确定其应适用哪种预存税款期间。

【非居民纳税人的税收征收和管理】

（一）非居民税收征管措施简介

根据美国联邦税法的规定，如果非居民纳税人的所在国与美国签订了税收协定，并规定了预提所得税的优惠税率，该非居民纳税人应填写 W-8BEN 表格，即《美国预提所得税税收协定受益人境外身份证明》（Certificate of Foreign Status of Beneficial Owner for United States Tax Withholding），并提交给扣缴义务人以适用相关优惠税率。

（二）非居民企业税收管理

1. 预提所得税管理及源泉扣缴

根据美国联邦税法的规定，非居民企业取得来源于美国的利息、股息和特许权使用费等被动收入（不涉及常设机构），须按照 30% 的税率缴纳企业所得税。但是根据中美税收协定，满足相关要求的情况下，中国居民企业可以享受优惠税率 10%。对于非居民企业的征收通常采用由美国付款方进行代扣代缴的预提税形式。预提税主要针对非居民企业取得的来源于美国的具有收益金额、期限固定等特点的一些被动收入（如股息、利息、特许权使用费等收益）以及资本利得。

2. 股权转让和财产转让

非居民企业在美国通过股权转让和资产转让所取得的资本利得通常被视为非应税收入，无须缴纳相应税费。但其处置美国不动产权益取得的资本利得需要在美国缴税。美国不动产权益的受让人在向非居民支付转让价款时有义务扣缴相当于总价款 15% 的资本利得预提税。

3.3.2 主要税种和税收优惠

从美国联邦、州到地方，每个政府级次都有相应税种。税收优惠政策也因为税种的多样性而十分丰富。

【主要税种】

联邦税收由所得税（个人所得税和企业所得税）、社会保险税、消费税、遗产和赠与税、关税组成。其中，关税是联邦政府独征的税种，州和地方政府不能征收。在联邦收入中，通常个人所得税在联邦收入中占比最高，其次是社会保险税（见图3-1）。

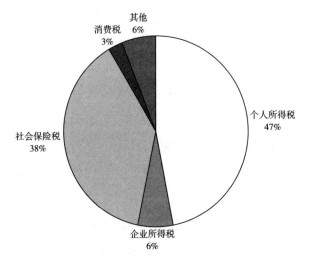

图3-1 美国联邦税收比例

资料来源：CEIC Global Database：Presidential Budget History Table，https：//www.whitehouse.gov/omb/historical-tables/。

州税一般由销售税和总收入税、所得税（个人所得税和企业所得税）、牌照税、房产税、遗产和赠与税、采掘税等组成，2020年为10681亿美元。其中，主体税种是销售和总收入税、个人所得税，占税收的比重分别为48.14%和36.4%，企业所得税占比为4.9%，牌照税占比为5.5%，房产税占比为

2.16%，其他如遗产和赠与税、采掘税等占比为 2.9%。[①]销售税是零售税，即对在州辖区内消费者购买货物和劳务征收的税。由于销售税是州级税收，各个州的税率不尽相同，且有的州允许州以下地方政府一起捆绑征收销售税。美国有 5 个州尚未开征州级销售税：阿拉斯加州、德拉瓦州、蒙大拿州、新罕布什尔州和俄勒冈州，这 5 个州中阿拉斯加州和蒙大拿州允许地方政府收取地方销售税。

地方政府税收由房地产税、销售税和总收入税、个人所得税和其他税组成，2017 年地方政府税收 17000 亿美元。其中，地方政府征收的房产税为 5090 亿美元，是地方税收的主要来源，占比高达 30%；销售税提供了 1240 亿美元收入，占总收入税的比重为 7%；330 亿美元的个人所得税占比为 2%。[②]

联邦、州、地方税制相对独立，且比例相对稳定。联邦税收占全国总税收的比重约为 66%，州和地方政府占比为 34%；在州和地方政府中，州占 60%，地方占 40%。

（一）个人所得税

个人所得税的纳税义务人为美国公民、居民外国人和非居民外国人。美国公民指出生在美国的人和已加入美国国籍

① US Census Bureau，2020 State Government Tax Tables，https：//www.census.gov/data/tables/2020/econ/stc/2020-annual.html.
② Tax Policy Center，The State of State（and Local）Tax Policy，https://www.taxpolicycenter.org/sites/default/files/briefing-book/what_are_the_sources_of_revenue_for_local_governments_1.pdf.

的人。居民外国人指非美国公民，但依美国移民法取得法律认可有永久性居住权的人。其他外国人即为非居民外国人。美国公民和居民外国人要就其在全世界范围的所得进行纳税，而非居民外国人仅就其来源于美国的投资所得与某些实际与在美国的经营业务有关的所得缴纳联邦个人所得税。

个人所得税采用对综合所得计征的办法。课征对象包括：劳务与工薪所得、股息所得、财产租赁所得、营业所得、资本利得、退休年金所得。从所得中应剔除的不征税项目有：捐赠、长期居住在国外取得的收入、从离婚配偶处获得的子女抚养费、自住房增值所得的收入、军人与退伍军人的津贴和年金、社会保险与类似津贴、雇员所得小额优惠、奖学金、州与地方有奖债券利息、人寿保险收入、小限额内股息等。可扣除项目有：在国外、州、地方缴纳的税款、房地产税、房地产贷款利息、医疗费用、慈善捐赠、付借款的利息、意外损失、取自政府储蓄计划的利息等。可以抵免的项目有：家庭节能开支、低收入家庭福利优惠、教育支出、退休储蓄、抚养子女及赡养老人费用、已缴外国所得税。从总所得中扣除这些项目后的余额即为实际应税所得。依差额累进税率计税，按年计征，自行申报。家庭可以采用夫妇双方共同申报办法。

（二）企业所得税

企业所得税的课税对象包括：利息、股息、租金特许权使用费所得，劳务所得，贸易与经营所得，资本利得，其他不属于个人所得的收入。实际应税所得是指把不计入公司所得的项目剔除后的总所得做法定扣除后的所得。将应税所得乘以适用税率后，再减去法定抵免额即为实际应纳税额。其中，可扣除项目主要有：符合常规和必要条件的经营支出与非经营支出，如经营成本、雇员工薪报酬、修理费、折耗、租金、利息、呆账、法定可扣除的已缴税款、社会保险集资、广告费等；公司开办费的限期摊提；折旧；亏损与意外损失；研究与开发费用等。可抵免项目有：特定用途的燃料与润滑油抵免、研究与开发费用增长的抵免、国外税收抵免、财产税抵免等。

企业所得税的纳税人分为本国法人和外国法人。本国法人指按联邦或州的法律在美国设立或组织的公司，包括政府所投资的法人。本国法人以外的法人为外国法人。本国法人应就其全世界范围所得纳税，而外国法人则就其在美国进行贸易、经营的有关所得，以及与其应纳税年度内在美国的贸易、经营无关但来源于美国的所得纳税。企业所得税在2018以前采用累进税率，自2018年开始由特朗普签订的《减税与就业法案》（TCJA）变更为较低的单一税率。

（三）社会保险税

社会保险税的目的主要在于筹集专款以支付特定社会保障项目。其保险项目包括：退休金收入、伤残收入和遗属收入。社会保险纳税人包括一切有工作的雇员雇主和自营业者等。对雇员的税基为年工薪总额，包括奖金、手续费和实物工资等；对雇主的税基则是其雇员工薪总和。采用比例税率（酌情按年调整），不征收超过规定最高限额的工薪额。

（四）失业保险税

失业保险税是以雇主为纳税人，采用比例税率。税基由雇员人数及支付雇员工薪数决定。失业保险税也在各州征收，允许在州征税额中抵扣已交联邦失业保险税部分。州的失业保险税纳税人为雇主，但也有少数州同时对雇员征收。所征税款主要为失业工人建立保险基金。此外，还有专门适用于铁路工人的"铁路退休保险税"和"铁路失业保险税"。

（五）州消费税

州消费税在美国各州的税制不尽相同，大多以一般消费税为主，也有选择单项消费税，如对汽油、烟、酒等征收的税；多在商品零售环节对销售价按比例税率课征，又称销售税或零售营业税。

（六）遗产及赠与税

美国的遗产税是对已故者的遗产转让征收的税。该税适用于通过遗嘱或根据州无遗嘱法转让的财产。其他需要缴税的转移可以包括通过无形遗产或信托进行的转移，或通过向受益人支付某些人寿保险利益或财务账户款项。遗产税是美国统一赠与和遗产税系统的一部分。该制度的另一部分，即赠与税，适用于每个人一生中对财产的转移或赠与。

【税收优惠】

（一）境内投资

美国联邦政府通常不对境内投资实行税收优惠，但是投资债务和银行存款是两个例外。对投资债务的优惠是：在美国进行某些债务投资（必须是符合某些法定要求的投资债务）的非居民或者外国人，不必就其利息所得缴纳美国的所得税或者预提税。对银行存款的优惠是：非居民或者外国公司收到的在美国的银行存款利息不缴纳美国所得税。另外，某些州和地方政府还提供其他优惠。

（二）资本投资

对符合条件的能源（太阳能和地热能）的投资可以享受相当于投资额 10% 的抵免。对在 2004 年之前投入使用，并且是利用诸如风能、生物能等可再生资源的电力生产设备的投资，也可以享受相同的税收抵免。

企业修复陈旧的、用于经营的不动产的某些开支可以得到抵免。1936 年以前建成的，被确认为历史建筑物的符合条件的修复费用，可以享受 10%~20% 的税收抵免。通常，在美国境外使用的财产不能享受该抵免。未使用的抵免可以向前结转 1 年，向后结转 20 年。如果享受抵免的财产在其回收期结束之前就被出售了，那么该财产享受的部分抵免将被取消，即政府将收回部分投资抵免。

1. 出口

外国销售公司的外国销售额或者佣金所得的一部分可以

在美国免税。通常，对外国销售公司分配给美国股东的分配额也不再对股东征税。美国国内、国际销售公司在 1984 年之后累计的部分盈余可以延迟纳税，但是每年要就延迟缴纳的税款缴纳利息。后来由于世界贸易组织裁决上述有关外国销售公司的条款是对这些公司不合法的补贴，美国政府取消了相关条款，并对这些外国销售公司在 2000 年 9 月 30 日以后的交易采取了非常宽大的过渡性措施。在 2000 年 9 月 30 日之后，公司再也不能选择成为外国销售公司。根据新的措施，美国公司的毛所得不包括美国领土外符合条件的外国贸易所得。但是世界贸易组织已经明确，美国把领土外的所得排除在毛所得之外的做法也是一种不合法的出口补贴。

2. 符合条件的私营活动债券

某些符合条件的私营活动债券的利息所得免征联邦所得税，该优惠使企业能以较低利率发行债券。

3. 指定区域与企业

在特殊的、经济贫困的地区经营，并雇佣当地居民的公司、合伙企业和独资企业，可申请享受投资优惠，如工资抵免、债券筹资免税等。

4. 小型企业优惠

为了鼓励对小型企业投资，美国政府提供了一些优惠，其中最重要的优惠是：允许投资者出售符合条件的小型企业股票所获利得的 50% 免税，但是持有小型企业（总资产不超过 5000 万美元的公司）股票的时间必须为 5 年以上。如果该小型企业股票由2009年2月17日至2010年9月27日之间购入，那么所获利得的75%将免税；如果是在2010年9月27日之后购入的股票，所获利得将100%免税。

（三）对非居民的投资限制

除需报告和缴纳预提税以外，美国政府对非居民投资几乎没有任何限制。但值得注意的是，如果被认为对国家安全存在威胁，美国政府可以暂停或禁止美国企业被外国人兼并或购买。外国人都可以申请抵免子女和受赡养者的照顾费用。

（四）美国公司之间的股息收入

美国税收居民企业从其他美国税收居民企业取得的股息收入的50%可以不计入企业应纳税所得额。如果收到股息企业持有分配股息企业大于等于20%且小于80%的股权，则取得的股息不计入应纳税所得额的比例可以提高至65%。一般而言，关联集团内（即共同持股比例为80%及以上）的股息分配，在不涉及其他第三方的情况下可以不缴纳企业所得税。在TCJA税改后，美国税收居民企业持股比例为10%及以上且持有时间超过一年的外国企业取得的股息收入可享受最高100%扣除。

（五）资本利得的税务处理

1. 居民企业资本利得的税务处理

出售或交换持有时间超过12个月的资本性资产所产生的所得或损失为长期资本利得或损失；出售或交换持有时间在12个月以内（含12个月）的资本性资产产生的所得或损失为

短期资本利得或损失。目前企业长期资本利得适用与普通收入相同的税率。资本损失只能用于抵减资本利得。企业的长期资本利得抵消短期资本损失后的余额为其净资本利得（长期资本损失不能用于抵减短期资本利得）。企业在一个纳税年度内的资本损失超过资本利得的部分，符合一定条件的可以向以前年度结转 3 年或向以后年度结转 5 年用于抵减资本利得。

2. 非居民企业资本利得的税务处理

非居民企业在美国取得的资本利得通常可以不在美国缴税，但其处置美国不动产权益或不动产持有公司股权取得的资本利得需要在美国缴税。美国不动产权益的受让人在向非居民企业支付转让价款时有义务扣缴相当于总价款 15% 的资本利得预提税。一般而言，上述不动产持有公司是指一家公司所持有的美国不动产权益的市场公允价值在测试期内的任何时候均等于或超过其持有的以下三项之和的 50%，则为美国不动产持有公司：①美国不动产权益的公允价值；②位于美国境外的不动产权益的公允价值；③其他经营性资产的市场公允价值。

（六）费用税前扣除

1. 综述

企业在本纳税年度正常进行的贸易或经营活动中，支出或计提的必要费用允许在税前扣除。但某些项目的扣除在一定条件下受到扣除数额和扣除时间的限制。

2. 折旧

有形资产的资本性支出可以计提折旧。企业对资产的税务折旧方法可以不同于其会计折旧方法。一般而言，企业在 1986 年以后投入使用的资产应使用加速折旧法（Modified Accelerated Cost Recovery System，MACRS）计提折旧。企业资产依不同类型，适用的折旧年限分为 3 年、5 年、7 年、10 年、15 年、20 年、27.5 年和 39 年。折旧年限为 3 年、5 年、7 年或 10 年的资产首先适用双倍余额递减法计提折旧，然后在直线法计提折旧额大于双倍余额递减法计提折旧额时转为适用直线法计提折旧；折旧年限为 15 年或 20 年的资产首先适用 1.5 倍余额递减法，然后在直线法计提折旧额更大时转为适用直线法计提折旧。企业可以选择在规定年限内适用直线法以替代前述方法对资产计提折旧。不动产一般适用直线法计提折旧，住宅的折旧年限为 27.5 年，非住宅不动产的折旧年限为 39 年（1993 年 5 月 13 日前投入使用的折旧年限为 31.5 年）。某些控制污染的设备符合一定条件的可以适用加速折旧法。

3. 179 条款扣除

企业可以选择将某些用于积极贸易或经营活动的新投入使用资产的成本作为费用进行税前扣除。可以扣除的额度受到以下限制：经过 TCJA 税改后，纳税人每年可以扣除的金额不得超过 100 万美元；若当年新投入使用的资产总额超过 250 万美元，则上述 100 万美元限额将会随着当年投入使用资产总额的增加而减少，减少的数额为当年投入使用资产总额超过250 万美元的金额；179 条款扣除额不得超过纳税人当年从事积极经营活动产生的应税所得额。TCJA 税改后，对于从 2017年 9 月 27 号至 2022 年 12 月 31 日新购入并使用的折旧年限在 20 年或以下的有形资产、符合特定条件的计算机软件、供水设备及某些租赁资产的改良性支出可在第一年 100% 税前抵扣；对于 2023 年 1 月 1 日起开始购入并使用的资产则按照每年 20% 递减的比例进行税前抵扣。

4. 损耗

企业拥有的除木材、某些石油和天然气资产之外的自然资源资产的损耗符合一定条件的可以按成本法或比例法计算扣除。

5. 摊销

企业大部分无形资产的支出需进行资本化并按照 15 年的年限按比例直线摊销；商誉支出一般可以进行资本化并按照 15 年的年限按比例直线摊销；开办费一般需按照 15 年的年限按比例直线摊销。

6. 坏账损失

企业计提的坏账准备金可以在确定相关款项无法收回的当年进行税前扣除。

7. 利息支出

企业与贸易或经营活动相关的利息支出一般可以于发生当年进行税前扣除。TCJA 税改限定，最高可扣除利息支出的限额为息税折旧摊销前收入的 30%（2021 年后为息税前收入的 30%）。

8. 公益捐赠

企业允许扣除的公益捐赠金额最高不能超过减去某些扣除项目之前的应纳税所得额的 10%。就公益捐赠超过扣除限额的部分可以向以后 5 个纳税年度结转扣除，但每年的可扣除数额仍受前述比例的限制。

9. 员工福利计划（养老金计划及支出）

为员工提供退休福利，包括雇员福利、合格的利润共享福利或股权红利计划等的企业可以享受政府提供的税收优惠。通常企业可以在当期扣除发生的员工退休福利支出，而员工相应的纳税义务可以递延至实际享受该福利时履行。

10. 罚金和罚款

因违反法律法规而向政府支付的罚金或罚款一般不得在税前扣除。

11. 行贿金、回扣和其他支出

直接或间接支付的行贿金、回扣或其他非法支出不得在税前扣除。

12. 已纳税款

纳税人已缴纳的州和地方税可以在联邦企业所得税税前扣除。

13. 或有负债

企业计提的或有负债准备金只有在相关责任实际确定时，

涉及的金额才能在税前扣除。

14. 业务招待费

TCJA 税改前，业务招待费只有在满足一定条件的情况下才能扣除。因业务活动而发生的餐费只能按实际发生额的 50% 扣除。TCJA 税改规定招待费不可税前扣除。企业发生的国际和国内差旅费的扣除也受一定条件的限制。

15. 研发支出

根据企业采取的所得税会计处理方法的不同，研发支出符合条件的可以在发生当期全额扣除或在不少于 60 个月的期间内进行摊销。一般而言，企业一旦选择某种扣除方法，则必须保持不变。

16. 支付给境外关联方的费用

美国税收居民企业通常可以就其实际支付给境外关联方的符合市场公允原则的特许权使用费、管理服务费用和利息进行税前扣除。但对于受控外国企业，美国税收居民企业可在支付给受控外国企业的款项被计入受控外国企业收入时进行税前扣除。

17. 经营净亏损

对于开始于 2017 年 12 月 31 日之前的税务财年所产生的企业的经营净亏损（Net Operation Losses）既可以向前结转 2 年抵减以前年度的应纳税所得额以获得已缴企业所得税退税，也可以向后结转 20 年抵减以后年度的应纳税所得额。

对于 2017 年以后企业产生的经营净亏损仅可以无限期向后结转抵减以后年度的应纳税所得额，但最高仅可抵减应纳税所得额的 80%。

（七）一般商业抵免

美国联邦税法为完成特定经济目标的企业提供各种特殊税收优惠，这些优惠被统称为一般商业抵免（General Business Credit）。纳税人在本纳税年度允许使用的一般商业抵免额最高不得超过其应纳所得税额，未抵免完的部分可以向以前年度结转 1 年，或向以后年度结转 20 年。

（八）研发支出税收抵免

纳税人的合格研发支出（Qualified Research Expenses，QREs）中超过"基数"（Base Amount）部分的 20% 可以作为研发支出税收抵免（Research and Development Credit），在特定期间内用于抵免其应纳美国联邦企业所得税。当年的基数由纳税人前 4 个纳税年度的平均收入额乘以固定比率得出，固定比率最高为 16%。基本数额不能低于纳税人本年度发生的合格研发支出的 50%。此外，纳税人还可以适用替代简便抵免法（Alternative Simplified Credit，ASC）计算抵免额度。根据该抵免法，如果纳税人在 2008 年以后纳税期间内产生的合格研发支出超过前 3 个纳税年度的平均合格研发支出的 50%，该超出部分的 14% 可以作为研发支出税收抵免，用于抵免纳税人的应纳美国联邦企业所得税。纳税人享受的抵免优惠金额必须从当年可以税前扣除的研发费用中扣除。

（九）企业征税由全球征税体制改为属地征税

1. 从持股 10% 的境外公司获得的股息可享受 100% 所得税豁免

根据先前的税法，美国企业境外子公司的营业收益在汇回其美国母公司时一般需缴纳美国企业所得税。若某境外子公司产生了某些 Subpart F 收入（一般为被动收入来源，例如股息、利息或特许权使用费），其收益可能会被适用反递延制度而被征税。虽然如此，该境外子公司的经营收入在汇回美国之前仍大致保持免税。由于汇回经营收入可能需要面临额外的税务负担，这一直被视为阻碍企业将收入汇回美国的主要因素，并导致大量离岸收益囤积境外。

对于美国企业从其拥有 10% 或以上权益（按投票权或价值而言，根据复杂的规则确定）的境外企业取得的股息，TCJA 税改法案对其实施 100% 参股豁免制度，这使得美国对境外企业的收益从采用全球征税系统转为采用属地征税系统。虽然一个真正的属地征税体系是将境外收入的征税权让渡给有关收入产生的境外国家，但新法案采用有限的属地税制，仅适用于符合资格的本地企业，而不是使所有跨境投资者受益。

一般而言，参股豁免税制根据股份拥有权实行税收豁免，目标旨在减少一般适用于企业利润的双重征税情况（即在企业和股东层级）。根据新法案，参股豁免一般应用于境外收益，但仅限于有关收益，即不是 Subpart F 收入。实际上，这些排除项目意味着美国企业不能再通过将资金存放在美国境外来避免对美国境外利润纳税。

2. 一次性过渡税

TCJA 税改后，根据美国联邦税法第 965 条，美国企业将目前滞留境外的未纳税利润"视作"已汇回境内并缴纳一次性过渡税（One Time Transition Tax）。下辖受控外国公司（CFC）或持有任意一家外国公司（不包括 Passive Investment Company）10% 以上股份的美国企业适用该一次性过渡税的相关规定。此未纳税利润仅限于 1986 年以后的累计收益和利润（E&P）。一次性过渡税的税率分两档：海外未纳税所得若是以现金和现金等价物的形态存在，则适用 15.5% 的税率；若是海外未纳税所得以其他资产形态存在，则适用 8% 的税率。一次性过渡税的计算方式为：取 2017 年 11 月 2 日和 2017 年 12 月 31 日间较高的累计收益和利润，并将此累计收益和利润分为现金或现金等价物及其他资产；然后根据上述税率缴纳相关一次性过渡税。此外，尚未使用的境外税收抵免结转（FTC Carry Forward）一般可用于冲减一次性过渡税的应缴税额。

一次性过渡税的应纳税额可选择按照如下方式分 8 年付款：在第一至第五期，每期均支付应纳税额总额的 8%；在第六期，支付应纳税额总额的 15%；在第七期，支付应纳税额总额的 20%；在第八期，支付应纳税额总额的 25%。

3. 在"全球无形资产低税收入"税制下设立新的永久性最低税额

为了扩大需在纳税年度当年缴税的潜在收入，美国 TCJA

税收改革法案还对受控外国公司的"全球无形资产低税收入"（Global Intangible Low-Taxed Income，GILTI）施加了新的最低税率。通过使用税务扣除额，2018~2025年纳税年度 GILTI 的实际税率为 10.5%，2026 年及以后则为 13.125%。但是，由于 GILTI 收入已经需要缴纳至少 13.125% 的境外税项（2025 年后为 16.4%），一般可适用境外税收抵免（FTC）来全数抵销有关的最低税项。

一般来说，GILTI 计算为美国股东"受控外国公司受测净所得"超过其"净视同有形收入回报"的部分，后者被定义为受控外国公司所拥有"合格营业资产投资"（QBAI）的 10%，并在计算受控外国公司受测净所得时减去某些利息费用。实际上，对于许多企业来说，GILTI 通常相当于受控外国公司的非 Subpart F 收入超过 10%QBAI 门槛的部分（按利息费用调整）。虽然 GILTI 在名义上单独列出"无形"收入，但新 GILTI 规则的适用范围更加广泛，不一定限于从无形资产取得的收入，在适用这个新的最低税时针对的似乎是受控外国公司的大部分非 Subpart F 收入。

4. 税基侵蚀与反滥用税

美国 TCJA 税改法案还包括针对跨境交易的重大新反税基侵蚀措施。值得注意的是，该法案包括修订针对混合工具税务处理的条款，以及税基侵蚀与反滥用税（Base Erosion and Anti-abuse Tax，BEAT），该税种对境外联属公司的某些可扣除款项征收最低税。

在草拟新税法时，参与有关工作的共和党立法议员表示有意将"平衡总部设在美国的母公司和总部设在境外的母公司之间的竞争环境"这一概念纳入新规则的制定中。为此，美国税收改革法案创造出了针对大型跨国企业的以税基侵蚀为关注重点的 10% 的最低税额，用以追回未获得许可的跨境关联方支付款项所获得的美国税务扣除优惠，这项措施可能会导致额外的税负。从 2026 年起，BEAT 实际最低税率将提高至 12.5%。

BEAT 适用于年度美国总收入至少达 5 亿美元（三年期间的平均数）的集团（包括境外联属公司赚取的实际关联金额）附属的美国企业，且该企业在有关纳税年度的"税基侵蚀率"为 3% 或以上（或部分银行和证券交易商为 2%），不包括 S 型公司、受监管的投资公司（RICs）或房地产投资信托基金（REITs）。BEAT 亦适用于在美国从事贸易或经营的非美国企业，以确定其取得的实际关联所得的税负。

BEAT 的适用范围几乎包括每一笔由企业做出的、受有关条款约束的对外付款，但被视为销售成本或总收入扣除额的付款除外。然而，对于 2017 年 11 月 9 日后将企业总部由美国迁至境外的倒置集团，在计算总收入时并不适用这项豁免。除这些倒置集团外，BEAT 不适用于诸如用于采购美国境外生产存货的付款。

（十）境外已纳税额抵免

一般而言，纳税人可以选择通过境外已纳税抵免法〔即使用境外已纳税额抵免其境外收入应纳美国企业所得税（受一定限制）〕或扣除法（即将境外已纳税的境外所得从其境外收入应纳税所得额中扣除）就在境外已纳所得税额在美国获得税收减免。

纳税人有权在已缴纳或计提境外所得税之日起 10 年内在抵免法和扣除法之间任意转换。当年未使用完的境外已纳税额通常可以向以前年度结转 1 年，余额可以向以后年度结转 10 年。

境外已纳税额抵免主要包括直接抵免和间接抵免两种。其中，直接抵免一般主要针对纳税人在境外被征收的在美国被视为所得税的税额；间接抵免一般主要适用于纳税人取得的境外投资收益实际间接负担的境外所得税税额。此外，美国联邦税法对于境外已纳税额抵免的适用条件以及抵免限额等都有具体的规定。

（十一）企业所得税税率降低

作为 TCJA 税改的最大亮点之一，美国将采用累进税率、最高档税率为 35% 的联邦企业所得税统一为 21% 的固定税率，自 2018 年 1 月 1 日起生效。

企业所得税税率的降低会提高投资回报，将对美国本土企业和中国赴美投资产生最为直接的影响，这无疑会刺激美国境内投资并增强美国对于外资（包括中国企业）的吸引力，甚至可能直接导致一些跨国集团将总部或者某些产业迁至美国。话虽如此，但税收只是影响企业投资的重要因素之一，并非决定性因素。中国企业做出赴美投资决策往往需要权衡多种因素，如经济的稳定性和增长潜力、劳动力成本和素质、汇率稳定性、与市场的距离、经营环境和基础设施等；甚至在中国投资者对美国公司的跨境并购交易中，商业考量往往是前驱和主导因素，税收虽在整个交易架构的搭建中起到重要作用，但是一项重大交易能否成功从来就不是仅凭税收因素单独决定的。

此外，美国大多数州同时征收企业所得税，最高税率从3%到12%不等，以税负较高的加州为例，联邦和州的合并企业所得税税率约为28%。因此，中国赴美投资的企业也要结合其投资所在州的税率，评估整体税负水平。

（十二）穿透实体所得流向个人可享受20%扣除

TCJA税改的另一项重大利好是，对于通过合伙企业、S型企业和个人独资企业进行生产经营的高净值人士，其从上述实体取得的符合条件的经营所得（不包括投资性收入，如股息、资本利得、非经营性利息），可以享受20%的免税优惠。这意味着，如适用最高一档个人所得税税率37%，则实际税率仅为29.6%。

（十三）遗产税免税额度翻倍，对高净值家庭财富传承利好

2022年，美国遗产税的基本免税额度为1206万美元，赠与税的年度免税额为1.6万美元。超过免税额度的部分将征收高达40%的遗产税或赠与税。[①] 对于高净值人士来说，其积

---

① 《美国赠与税2022免税额度是多少？》，美国法律服务网，2022年2月14日，https://legalserviceshub.com/459。

累的财富价值如果超过这个免税额，就意味着超过免税额部分有约一半财产是用来缴税的。基于此，高净值人士通常会采用信托、保险等金融与法律工具，以实现财产传承的利益最大化。税改之后，遗产税的基本免税额度相较于 2021 年的 1170 万美元有大幅提升，这无疑会降低高净值人士在家庭成员间财富配置或者家族财富传承中的税负，从而增强美国对高净值人士投资移民的吸引力。[①] 但是客观来看，该项措施的有效期至 2025 年底，2025 年之后的税收政策仍存在较大的不确定性。另外，虽然联邦层面的免征额度具有较大幅度的调整，考虑到部分州同时征收遗产税和赠与税，且免征额度和税率不同，该项利好的实际效果需要个案分析。

（十四）"机会区"投资收入减免税

2017 年 12 月美国总统特朗普主导的新税法（TCJA）为投资"机会区"（Qualified Opportunity Zone）（Section1400-Z）提供了史无前例的减免税机遇。财政部和美国国内收入局目前已批准 8700 多个"机会区域基金"（Qualified Opportunity Fund）普查区。这项新的税收激励计划旨在刺激新投资资本

---

① 《税务筹划：如何减免高达40%的美国"赠与税"和"遗产税"？》，CPA Worldwide Tax Service PC网站，2021年9月2日，https://www.cpaworldwidetax. net/post/%E7%A8%8E%E5%8A%A1%E7%AD%B9%E5%88%92%EF %BC%9A%E5%A6%82%E4%BD%95%E5%87%8F%E5%85%8D%E9 %AB%98%E8%BE%BE40-%E7%9A%84%E7%BE%8E%E5%9B%BD- %E8%B5%A0%E4%B8%8E%E7%A8%8E-%E5%92%8C- %E9%81%97%E4%BA%A7%E7%A8%8E-%EF%BC%9F %E8%B5%A0%E4%B8%8E%E7%A8%8E-%E5%92%8C- %E9%81%97%E4%BA%A7%E7%A8%8E-%EF%BC%9F。

进入全国某些低收入和贫困社区，促进当地经济发展和增加就业。这些"机会区"由美国各个州和地区政府指定。

"机会区"税收奖励为投资者提供资本利得的税收减免，以鼓励他们在指定区域进行新投资。如果投资人将资本利得在 180 天之内投资于"机会区域基金"，将首先获得直至 2026 年的延迟征税；如果投资人在投资之后继续保持至第 5 年，原来的资本利得可以享有 10% 的减税优惠；如果投资人继续保持共 7 年，原来的资本利得将享有共计 15% 的减税优惠；如果继续保持投资总共最少 10 年，那么这 10 年及之后资产升值将会得到完全免税。如此巨大的减税力度，在美国数十年历史上也是少见的。值得注意的是该项税务优惠同样适用于外国投资者。

（十五）外国投资房地产税法案

美国在 1980 年制定的外国投资房地产税法案（Foreign Investment in Real Property Tax Act of 1980，FIRPTA）将外国投资者从对美国房地产的处置和对美国房地产的投资所获的收入或收益（或亏损）视作与在美国开展贸易或业务切实相关的损益，因此将按照常规所得税税率征税。美国房地产收益通常包括通过美国境内的房地产获得的任何受益，或从目前或曾经是美国房地产控股公司的美国公司获得的任何收益（并非单独作为债权人）。房地产收益包括从美国房地产（例如土地及改良、矿山、水源、自然矿藏以及与房地产相关的个人财产）中获得的收益。美国房地产控股公司是指持有美国房地产产权，且产权的市场公允价值至少达到其总资产的市场公允价值（包括美国境内和境外的房地产产权以及在贸易或业务中使用或持有的其他资产）50%的公司。

美国房地产权受让人（买方）通常需要减去和预扣（遵从特殊的预扣规定）数额相当于外国出让人（卖方）处置资产交易金额10%的税款，并缴纳给美国国内收入局（IRS）。外国投资者可与IRS达成预先协议，降低预扣税额。由买方代缴的预扣税不是最终的纳税额。如果预扣税超出了最高纳税额，可以申请退税。

但是，美国总统奥巴马于2015年12月18日签署了《2015年保护美国人免于增税法案》（Protecting Americans from Tax Hikes Act of 2015，PATH法案），对于2016年2月17日或之后的所有房地产交割，要求的10%扣税将增至15%，出售价格超过30万美元但不超过100万美元且买方购置该房产作为个人居住之用的交割除外，在此种情况下，将适用降低的10%扣税。

3.4 美国现行土地政策

美国国土面积中私人所有的土地占58%，主要分布在东部；联邦政府所有的土地占32%，主要分布在西部；州及地方政府所有的土地占10%。土地以私有制为主，国有土地只占其中一小部分。美国的土地制度较为自由，土地所有权分为地下权（包括地下资源开采权）、地面权和地上空间权（包

括建筑物大小、形状等）三部分，这三部分权益可以分别转
让，政府无权任意征用与拆迁。

3.4.1　美国土地管理制度

美国土地管理制度植根于完善的市场经济环境，得益于
完备的法律体系支撑，土地管理起步较早、管理水平较高。

【现行土地所有制】

美国土地并非全部私有，美国关于土地所有权的规定不
同于同为资本主义国家的欧洲国家。目前在美国，土地所有
者拥有地下的一切财富，只要遵守政府关于环境保护的规定
并照章纳税，就可以自由开采地下资源，或者将地下资源单
独出售。

【现行土地使用制】

美国所有土地都实行有偿使用。美国法律明确规定土地
可以买卖和出租。目前美国联邦政府的公有土地收入，是仅
次于税收收入的政府第二大财政来源。

【土地管理机构】

美国在内政部设土地管理局，主要负责对联邦政府土地
的管理，并对州和私人土地进行协调。美国的土地管理工作
实际上是分层次、按类别进行管理的，即其他联邦政府机构
也参与土地的管理工作。

3.4.2　外资购买土地的步骤和注意事项

美国的房地产有相对完善和成熟的房产法律制度和市场。此外，美国政府会保护房屋拥有者的产权，并保障房产交易中买卖双方的权益，比较公平、公正、公开。美国作为一个移民国家，对外国人在美国投资或购置房产持欢迎态度。在外国人在美买房方面，美国国家政策上几乎没有任何限制。

【投资买房的注意事项】

除了买房不能投资移民、有产权和有居住权不同、签约7天内可退房等注意事项外，美国房屋产权年限是永久产权，但买房后每年都要缴税，直到购房者放弃产权（或者卖掉）。美国政府每年征收相当于房地产值 1%~2% 的财产税。相当于每过 50~80 年，购房者就要将房产值再向政府缴纳一遍。如果购房者没有按时缴纳房产税，美国政府有权没收房产，有权将其房产拍卖，用以抵偿欠款。另外，美国各州的法律不同，业主每年所需缴纳的物业税为房子总价的 0.5%~3%。如果出租房屋，还要缴纳租金的 5%~10% 作为管理费。

【投资买房的流程】

在美国投资买房主要有以下流程：了解买房全过程、决定买房地点、选择房型、选一个专业的房产经纪、贷款预审、选房看房、签署合同、房屋检查、申请贷款、购买保险、交接过户等。

3.5　外国投资法律框架

3.5.1　外国投资委员会

美国外国投资委员会（The Committee on Foreign Investment in the United States，CFIUS）是美国联邦政府的一个跨部委委员会，其职能为审查一切关乎美国国家安全的外国对美投资的提议。所有有外国公司参与收购的美国公司的提议案都应自愿通知 CFIUS，但 CFIUS 也可以审查非自愿提交的交易。CFIUS 在众多审查中重点关注的是，是否有由于被外国收购方收购，被收购的美国企业的技术或资金可能会转移到被美国制裁的国家的可能。同时该机构也密切关注关键基础设施的收购，以确保美国国家安全不受侵害。

【背景】

美国现行的外国投资审批制度是由 1988 年设立的美国外国投资委员会具体实施的。该委员会的职能是监督与评估外国投资并购美国企业，视其对美国国家安全的影响程度，授权进行相关调查，并视情况上报总统就阻止外资并购做出最后决定。

【机构组成】

美国外国投资委员会是一个联邦政府委员会，由 11 个政府机构的首长和 5 个观察员组成。白宫国家安全工作人员、白宫经济顾问委员会、白宫国家经济委员会、管理与预算办公室等可以以"观察员"身份参与审查。另外，国家情报主任和劳工部部长是"无表决权的当然委员"。

【管辖范围】

CFIUS 可以管辖的交易包括：任何对所有权益的收购或转换，通过外国公民、外国政府或外国实体进行的或与之合作的交易，可能会导致外资控制的交易，以及任何从事美国商业的实体所进行的交易。CFIUS 的审查范围包括外国控制企业对产品与服务涉及国家安全以及重要基础设施的美国企业的收购案，其中必须考量的国家安全问题涉及国防、反恐、军事、国际技术、关键技术、基础设施和能源等方面。

【申报流程】

（一）审查期

CFIUS 不会"提早结束"30 天的初审期。初审期要到 CFIUS 决定该申报符合法规要求后才真正开始，因此通常要晚于提交申报日。此外，CFIUS 对法规要求非常严格，经常驳回未能精确遵循法规的申报。一旦交易各方决定申报，就要考虑有可能导致延误的各种因素，包括可能增加的 45 天调查期。在目标企业周转困难、需要收购方在短时间内注入资金，或者上市公司的股价有可能被交易延误严重影响的情况下，这方面的考虑尤其重要。通常比较安全的做法是，在希望开始的 30 天初审期之前的 5~10 日就提早申报，以防 CFIUS 要求进行修改，否则就有可能延误交易。

（二）共同申报

在申报正式提交以及 CFIUS 确定提交后，交易各方须经过 30 天的初审期，等待 CFIUS 决定批准或进一步调查。在 30 天的初审期内，CFIUS 时常要求收购方和被收购方的代表提供有关交易方和交易的补充信息，在这种情况下，交易各方必须再次确认申报信息准确无误。大部分交易经过这 30 天的初审期都能获得批准，前提是 CFIUS 向国会报告有关交易不会影响美国的国家安全以及重要基础设施。但如果 CFIUS 决定进一步调查，交易各方就必须再等待 45 天，CFIUS 在此期间会进行全面调查。在 45 天的调查期结束时，根据 CFIUS 的报告，美国总统将在 15 天内做出最终决定。但实际上，极少有交易进入需要总统决定的阶段。如果该交易在初审阶段未获得批准，CFIUS 通常会要求交易各方同意对交易形式进行修改（例如对部分特定资产或业务的剥离），而非总统审批。

（三）补救措施

如果 CFIUS 认为该交易有可能对美国的国家安全造成风险，就会直接否决或要求交易方采取补救措施消除风险。最常用的办法是对部分业务设施或产品线进行剥离出售。如果进行剥离，应确定被剥离业务所用的技术或知识产权是否也用于收购方将收购的保留业务。若是如此，在被收购业务继续拥有该技术的同时，向被剥离业务的新主人提供使用许可，是确保被剥离业务的新主人有能力发展这部分设施或产品线的必要步骤。

（四）是否需要申报

是否进行 CFIUS 申报，受到以下因素影响：收购方国籍，收购方的政府控制或控股程度，收购方对美国企业拥有的股权或实际控制，被收购的美国企业的科技和产品的类型与潜在用途，与美国政府协议的历史或与美国企业的关系。

【最新发展】

2018 年 8 月 13 日，美国总统特朗普签署了《2019 财年国防授权法》，该法包括《外国投资风险评估现代化法案》（Foreign Investment Risk Review Modernization Act，FIRRMA）和《出口管制改革法》（Export Control Reform Act，ECRA）。FIRRMA 显著扩大了 CFIUS 的管辖范围和权力。ECRA 为出口管理条例提供了永久的法定依据，并可加强出口管制，包括对武器禁运国家的出口和"新兴和基本技术"的出口。该法案强调了 CFIUS 有权审查"涵盖交易"（Covered Transactions）触发 CFIUS 管辖权的原因。"涵盖交易"当前定义为任何由外国人士或与外国人士进行的可能导致外国人士控制美国业务的交易。

3.5.2　外国投资风险评估现代化法案

2018 年 8 月 1 日，美国国会通过了《外国投资风险评估现代化法案》（FIRRMA），旨在强化对涉及美国国家安全的外国投资的审查。FIRRMA 明确将重点放在中国上，并特别提到了中国的 2025 计划。8 月 13 日，FIRRMA 由美国总统特朗普正式签署成为法律。

该法案在授权对 CFIUS 程序进行自成立以来最重大的改

革近一年半后，CFIUS 发布了最终版的 FIRRMA 实施条例。将于 2020 年 2 月 13 日生效的新法规的主要特征是对 2019 年 9 月发布的拟议法规的显著更改。最终，法规在很大程度上保留了拟议法规中规定的框架——包括扩大 CFIUS 的权力，将 CFIUS 审查保持为一个自愿的过程——但同时也做出了某些重大改变，如将关键技术试点计划编纂成法典（受新的豁免约束），提供一些说明和指导，并承诺会进行其他更改。[1]

该法案将对美国外国投资委员会负责的外国投资审查流程带来根本性改变，包括 CFIUS 这个由多部门组成的委员会进行自 1988 年重组以来最大规模的一次扩权等。FIRRMA 主要在以下四个方面对 CFIUS 的职权和工作流程进行了改革。

【对 CFIUS 管辖权的扩展】

现行法规将美国企业定义为在美国从事州际贸易的实体，但仅限于其在州际贸易方面的活动。FIRRMA 重新定义了美国业务，但不包括后者。相反，它将"美国企业"定义为在美国从事州际贸易的任何人。

对于房地产的交易，FIRRMA 扩大了 CFIUS 的管辖范围，不论交易是否涉及美国业务，同时将某些美国房地产交易纳入了"涵盖交易"的定义中。对于 CFIUS 对这些交易的管辖权，FIRRMA 也不包含任何利益或控制的门槛。CFIUS 将有

---

① Farhad Jalinous, Karalyn Mildorf, Keith Schomig, Ata Akiner, CFIUS Finalizes New FIRRMA Regulations, https://www.whitecase.com/publications/alert/cfius-finalizes-new-firrma-regulations.

权审查外国人士对美国的私人或公共房地产的购买、租赁或特许权。

FIRRMA 对美国敏感企业的"其他投资"也做了相关规定。根据 FIRRMA，除非在独立的美国敏感业务中有豁免，CFIUS 有权审查外国投资的任何"其他投资"（即使它没有上升到控制级别）。FIRRMA 指出 CFIUS 将"涵盖交易"的房地产和"其他投资"类别的适用范围缩小至某一外国人士的子类别。该标准"应考虑到外国人与外国或外国政府的联系，以及这种联系是否可能影响美国的国家安全"。

【对 CFUIS 审查流程的改革】

FIRRMA 创立了一个简化程序，称为"申报"。此类"申报"将包含一般不超过 5 页的有关事务的基本信息。收到申报后，CFIUS 将有 30 天的时间采取行动，包括要求正式通知、启动单边审查或完成有关交易的所有审查。虽然大多数申报都是自愿的，但在某些情况下有些申报是强制性的。对于外国人士直接或间接获得美国敏感企业"实质利益"（或外国政府直接或间接拥有"实质利益"）的交易，当事人将被要求提交申报。如果外国投资者证明交易不是由外国政府主导，且外国投资者有与 CFIUS 合作的历史，CFIUS 可能会放弃强制申报要求。

FIRRMA 增加了 CFIUS 程序的法定期限。初步审查期由30 天增加至 45 天，而 45 天调查期不变。这一改变在颁布后立即生效，初审期限延期是否会导致更多的案件清算还有待观察。在特殊情况下，调查可以延长 15 天，即共 60 天。该法还规定了新要求，即如果当事人规定管辖权，CFIUS 要么在收到通知后 10 个工作日内对草案或正式通知提出意见，要么在 10 个工作日内接受正式备案。

FIRRMA 出台之前没有与 CFIUS 审查相关的申请费，但根据 FIRRMA，CFIUS 可能会收取交易价值的 1% 或 30 万美元（根据通货膨胀进行调整）的申报费用（以较低者为准）。该法案还规定，在 2019~2023 年每个财政年度向 CFIUS 基金拨款 2000 万美元，同时新设置负责投资安全的财政部次长职位，重点负责 CFIUS 的工作，并要求每个 CFIUS 组成机构每年向国会提交一份详细的关于其履行 CFIUS 义务的支出计划。

【司法审查】

在 FIRRMA 颁布之前，CFIUS 最后做的决定是不允许上诉的，除非该决定违反美国宪法。FIRRMA 赋予了申报人可通过民事诉讼的方式，请求美国哥伦比亚特区联邦巡回上诉法院对 CFIUS 的决定进行司法审查。但总统决定仍然不可上诉。

【加强与盟友和伙伴国家的信息共享和流程对接】

鉴于 FIRRMA 带来的巨大变动以及 CFIUS 预计将会大幅增加的工作量，《外国投资风险评估现代化法案》的部分条款不会立即生效。延迟生效的条款包括符合以下情况的条款：①扩大了受 CFIUS 管辖的交易的范围；②对特定交易引入了声明书和强制性申报的规定；③对 CFIUS 就通知草案提出意见以及受理的正式通知设置了时间限制。

3.5.3　反洗钱和反贿赂相关法案

【反洗钱法案】

从 20 世纪 70 年代起，美国就开始制定涉及反洗钱的法律。与国际社会一样，美国反洗钱立法的原动力也是为了遏制毒品交易。经过发展，美国形成了一系列严密的反洗钱法律，并随着洗钱形势的发展，美国对于洗钱的处罚力度有加大的趋势。

对于涉及大额现金交易的行为，1970 年制定的《银行保密法》要求银行和其他金融机构具有报告的义务。具体而言，对于超过 1 万美元的现金交易，金融机构必须向有关部门提交涉及存款、取款、现金兑换或者其他支付或转移的报告。在提交的现金交易报告中，还要求必须透露拥有账号的客户身份和客户资金的来源。如果金融机构不提交报告，或者提交虚假的报告，则构成犯罪。同时，该法还要求银行和其他金融机构具有报告可疑交易、保存交易记录等义务，否则也构成犯罪，将被处以民事处罚或者 1 年以下监禁和 10 万美元罚金的刑事处罚。

美国执行以及落实反洗钱法案的主要政府机构为美国财政部金融犯罪执法网（Financial Crimes Enforcement Network，FinCEN）。一方面，FinCEN 与金融机构相互合作，通过要求银行和其他金融机构定时按照反洗钱相关法律报告和记录可疑行为的方式，打击和侦察洗钱活动；另一方面，FinCEN为执法部门提供《银行保密法》下的情报和分析支持，并致力于最大限度地提高执法机构之间的信息共享。

FinCEN于2016年5月颁布了《金融机构客户尽职调查要求最终规则》（CDD规则），规定受管辖的金融机构需对其客户的实际权益所有人进行尽职调查，并持续更新客户资料。CDD规则旨在解决犯罪分子通过匿名或间接持有账户、利用金融网站而实施洗钱或恐怖主义融资活动的立法漏洞，从而为金融执法机构提供信息，防止犯罪分子有针对性地逃避犯罪制裁，改善金融机构评估风险的能力。

FinCEN认为，一项有效的客户尽职调查计划的关键程序包括：①确定和验证客户身份；②确定并核实最终权益所有人的身份；③分析客户关系的性质以制定客户风险档案；④监控客户交易，并基于相关风险维护和更新客户信息。CDD规则的侧重点是第②点，即要求除依法豁免的情况外，所有依法需要建立客户身份识别规章的金融机构都要识别和验证法人实体客户权益所有人的身份。之前，受管辖金融机构仅需要收集确认某些外国金融机构的私人银行账户和代理账户实际所有权人信息。

CDD规则下受管辖金融机构包括：受联邦监管的银行和受联邦保险的信用合作社、共同基金、证券经纪商、期货交易商和大宗商品经纪商。权益所有人包括满足以下两个条件中任意一个的个人：①直接或间接拥有法人实体客户25%或以上股权的个人；②任何"控制、管理或领导法人实体客户的主要负责人，包括首席执行官、首席财务官、首席运营官和任何其他类似职位的人员"。

2021年12月7日，FinCEN发布了一项拟议规则制定通知，以实施《公司透明度法案》（CTA）的受益所有权信息报告规定。拟议规则旨在保护美国金融体系免遭非法使用，并阻止恶意行为者滥用空壳公司等法律实体来隐瞒腐败和犯罪行为的收益。这种滥用行为破坏了美国的国家安全、经济公平和美国金融体系的完整性。

拟议规则解决了谁必须报告受益所有权信息、何时必须报告以及必须提供哪些信息等问题。收集这些信息并向执法机构、金融机构和其他授权用户提供访问权限，将削弱恶意行为者隐藏、移动和享受非法活动收益的能力。[①]

【反贿赂法案】

1977年制定的《美国海外反腐败法》（Foreign Corrupt Practices Act，FCPA）禁止美国公司向外国政府公职人员行贿，是目前规制美国企业对外行贿最主要的法律。该法案禁止出于协助获得或保留业务的目的向外国官员行贿，且适用于所有美国人和某些外国证券发行人。

---

① US Financial Crimes Enforcement Network，FinCEN Issues Proposed Rule for Beneficial Ownership Reporting to Counter Illicit Finance and Increase Transparency，https：//www.fincen.gov/news/news-releases/fincen-issues-proposed-rule-beneficial-ownership-reporting-counter-illicit.

1998 年，美国修订了《海外反腐败法》的反贿赂规定，将其适用范围扩大到直接或通过代理人间接造成在美国境内发生腐败性支付行为的外国企业和个人。企业和个人违反《海外反腐败法》的反贿赂规定，可能受到刑事处罚。企业每种违法行为可以被处以最高 200 万美元的罚款，或者根据美国《选择性罚款法》（Alternative Fines Act）处以企业非法所得或他人经济损失最高 2 倍的罚款。个人每种违法行为可以被处以最高 10 万美元的罚款，并处最多 5 年有期徒刑，或者根据《选择性罚款法》处以最高 25 万美元或者个人非法所得或他人经济损失最高 2 倍的罚款。

　　除反贿赂规定外，《海外反腐败法》还有适用于美国市场证券发行人及其代理人的会计规定，配合反贿赂规定的实施。《海外反腐败法》的会计规定要求企业：①编制并保存会计账簿、记录和账目，合理详细、准确、公正地反映企业的交易和资产处置情况；②制定并维持一套适当的内部会计控制制度。违反《海外反腐败法》的会计规定，企业每种违法行为可以被处以最高 2500 万美元的刑事罚款，个人每次违法行为可以被处以最高 500 万美元的刑事罚款，可以并处 20 年有期徒刑。

　　2019 年 3 月 8 日，美国司法部宣布修订《海外反腐败法》企业执法政策，放宽企业通过及时适当地对违反《海外反腐败法》的行为进行补救全面享有从宽待遇所必须满足的要求。根据新政策的规定，对削弱企业适当保留业务记录或通信能力的个人通信和临时消息，企业仅须对其进行适当的指导和控制。

3.5.4　反托拉斯条例

美国的经济制度建立在自由竞争理论之上。在激烈的竞争中，一些大企业通过控股等方式，吞并或联合其他小企业形成垄断组织托拉斯，它们凭借强大的经济实力控制产品的生产、销售和市场价格，以不正当手段排挤其他企业，严重影响了自由经济的顺利发展。特别是，托拉斯组织的出现与美国自由贸易、公平竞争的观念形成冲突，威胁到美国市场经济的基本架构。反垄断法，即反托拉斯法应运而生。美国反托拉斯法主要是联邦立法，其立法依据是联邦宪法关于授予联邦管理州际贸易和对外贸易权力的条款。联邦反托拉斯法主要有三部。

【谢尔曼反托拉斯法】

美国联邦第一个反托拉斯法是 1890 年国会制定的《谢尔曼反托拉斯法》(Sherman Act)，正式名称是《保护贸易及商业免受非法限制及垄断法》。《谢尔曼反托拉斯法》是美国反托拉斯法中最基本的一部法律，奠定了反托拉斯法的坚实基础，但该法的措辞含混、笼统，诸如"贸易""联合""限制"等关键术语词义不明，为司法解释留下了广泛空间，而且这种司法解释要受到经济背景的深刻影响，所以该法颁布后执行不力。

【克莱顿反托拉斯法】

1914 年，美国国会制定了第二部重要的反托拉斯立法

《克莱顿反托拉斯法》（Clayton Act），作为对《谢尔曼反托拉斯法》的补充。该法明确规定了17种非法垄断行为，其中包括价格歧视、搭卖合同等。根据《克莱顿反托拉斯法》，以下行为均属非法。

——"可能在实质上削弱竞争或趋向于建立垄断"的商业活动。

——价格歧视，即同一种商品以不同价格卖给不同买主从而排挤竞争对手的行为。

——搭卖合同，即厂商在供应一种主要货物时坚持要买方必须同时购买搭卖品的行为。

——在竞争性厂商之间建立连锁董事会，即几家从事州际商业的公司互任董事的行为。

——在能够导致削弱竞争后果的情况下购买和控制其他厂商的股票。

【联邦贸易委员会法】

美国在推出《克莱顿反托拉斯法》的同一年，也就是1914年通过了《联邦贸易委员会法》（Federal Trade Commission Act），该法案授权建立联邦贸易委员会，作为负责执行各项反托拉斯法律的行政机构。其职责范围包括：搜集和编纂情报资料，对商业组织和商业活动进行调查，对不正当的商业活动发布命令阻止不公平竞争。

3.5.5 消费者保护相关法律

在美国，关于消费者权益保护的法律涵盖甚广。消费者被赋予以下权利：安全的权利（Right to Safety），获得信息的权利（Right to Information），受教育的权利（Right to Education），选择的权利（Right to Choose），申诉的权利（Right to Be Heard）。消费者权益保护组织和管理机构十分健全。美国不但各级政府设有专门的保护消费者权益的行政执法机构，而且民间也有消费者自愿组织起来一些保护消费者权益的组织，美国全社会形成了由政府、民间、企业组成的三方互补、三管齐下的保护消费者权益的管理模式。为了保障消费者的权益，美国政府也相继出台了多部法案。

【联邦食品、药品和化妆品法案】

美国《联邦食品、药品和化妆品法案》（Federal Food, Drug, and Cosmetic Act）（常缩写为 FFDCA，FDCA，或 FD&C）是美国国会在 1938 年通过的一系列法案的总称，赋予美国食品药品监督管理局（FDA）监督监管食品安全、药品及化妆品的权力。

【公平债务催收法案】

美国于 1977 年制定《公平债务催收法案》（Fair Debt Collection Practices Act），在 1978 年 3 月 20 日开始生效。法律用于规范专门替债权人进行催账和追账活动的任何第三方，它们通常都是专业商账追收类公司。法律对债务催收人做出了定义，催账的范围仅包括专事对消费者个人进行催账的专业商账追收机构，不适用于债权人对企业进行商账追收的情况。法律指定的政府执法部门是联邦交易委员会，但联邦交易委员会没有直接经济处罚权。

【公平信用报告法案】

《公平信用报告法》（Fair Credit Reporting Act，FCRA）是美国联邦贸易委员会于1970年颁布的立法，该法案旨在促进经济发展、树立个人诚信、规范个人信用等。法律直接规制的目标主要集中在征信业务链和授信业务链这两条主线上。在征信业务链，着重体现和贯穿了信用信息公开、负面信息修复与个人隐私权保护的合理界定原则；在授信业务链，则突出体现了平等授信、维护消费者权益和市场公平竞争的原则。

【诚实借贷法案】

《诚实借贷法案》（Truth in Lending Act，TILA）是美国1968年颁布的一项联邦法，旨在保护消费者与放贷人的交易。《诚实借贷法案》由联邦储备委员会（Federal Reserve Board）通过一系列法规实施。该法规最重要的方面是提供信贷之前必须向借款人披露的信息：年利率（APR），贷款期限和其他融资费用（包括申请费用、滞纳金、预付罚款），付款时间表以及总还款额。

【公平信贷结算法案】

《公平信贷结算法案》（Fair Credit Billing Act）是1974年颁布的美国联邦法，作为《诚实借贷法案》的修正案。其目的是保护消费者免受不公平的计费行为的影响，并提供一种机制来解决"开放式"信用账户（如信用卡或借记卡账户）中的账单错误。

【金融服务现代化法案】

随着美国金融业的发展和扩张，1933 年的《格拉斯—斯蒂格尔法案》（Glass Steagall Act）已经成为发展的障碍。商业银行不满足于低利润的银行零售业，开始向投资银行渗透，很多商业银行都有变相的投资银行部门。1999 年，由克林顿政府提交监管改革绿皮书（Green Book），并经美国国会通过，形成了《金融服务现代化法案》（Financial Services Modernization Act），亦称《格雷姆—里奇—比利雷法案》（Gramm-Leach-Bliley Act）。

第4章

美国允许外商投资的
行业与禁入规定

4.1　美国重点发展的产业

4.1.1　能源业

能源业由美国能源局（EIA）领导，以制定国际能源政策，加强美国和全球能源安全为目标，积极应对来自世界各地的、影响美国经济政策和国家安全的能源挑战。

EIA能够通过以下几个方面促进美国在全球范围内关键问题上的利益：确保美国及其盟友和伙伴的经济与能源安全；消除能源开发和贸易壁垒；找寻美国在透明度和良好治理方面的最佳做法；等等。此外，EIA还涉及对美国边境建造、连接、操作或维护石油、石油产品、煤炭和其他燃料（天然气除外）的出口或进口设施的申请等项目审查。

【能源业概况】

美国生产和使用许多不同类型和来源的能源，这些能源可分为一般类别能源，如初级和二级，可再生和不可再生能源以及化石燃料。主要能源包括化石燃料（石油、天然气和煤炭）、核能和可再生能源（见图4-1）。电力是从一次能源产生（生产）的二次能源。

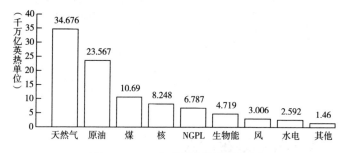

图4-1 2020年美国主要能源产量

注：NGPL指天然气工厂液体，水电指常规水力发电，其他指地热和太阳能。

资料来源：Monthly Energy Review，The U.S. Energy Information Administration（EIA），https://www.eia.gov/totalenergy/data/monthly/。

能源以不同的物理单位测量：桶或加仑的液体燃料，立方英尺的天然气，短吨的煤，以及千瓦和千瓦时的电力。在美国，英国热量单位（Btu）是热能的一种度量，通常用于比较不同类型的能量。2020年，美国一次能源消耗总量约为93千万亿英热单位，其消耗结构见图4-2。

2006~2015年，美国能源自给率不断上升，从2006年的0.71%上升到了2015年的0.92%；能源生产总量总体上也呈上升趋势，从2006年的1654.23百万吨标准油上升到2015年的2018.53百万吨标准油。

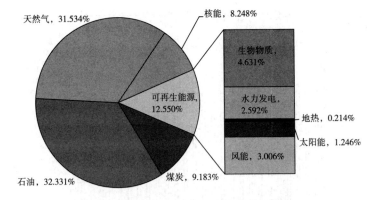

图4-2 2020年美国一次能源消耗结构

注：由于统计误差，所以合计数不等于100%。

资料来源：Monthly Energy Review，The U.S. Energy Information Administration（EIA），https://www.eia.gov/totalenergy/data/monthly/。

2005~2017年，美国天然气的产量总体上在递增，煤炭的产量有所下降，这与国家政策有关，也与环保压力有关（见图4-3）。天然气产量（干气）在2019年达到创纪录的33.97万亿立方英尺（Tcf[①]）或每天930.6亿立方英尺（Bcf/天）。2020年干天然气产量下降约2%，约为33.44 Tcf（91.36 Bcf/天），2020年的天然气消费量约为832.8 Bcf/天，占美国总能源消耗的34%。就煤炭的总能量含量而言，美国的煤炭产量在2008年达到峰值，但煤炭消费量自1990年后在一次能源消费中的占比逐年下降。[②]2020年，煤炭消费量约为4.77亿短吨，2020年的煤炭产量为5.34亿短吨（见图4-4）。近年来，由于煤炭需

① Tcf是英制体积单位，表示万亿立方英尺；1Tcf=283.17亿立方米；Bcf是油气开采单位，表示十亿立方英尺；1Bcf=2831.7万立方米。

② 黄文杰：《美国煤炭工业发展趋势》，《中国煤炭》2021年第1期。

115

第4章　美国允许外商投资的行业与禁入规定　一

求的减少，煤炭消费总量和生产的能量含量普遍下降。[①]

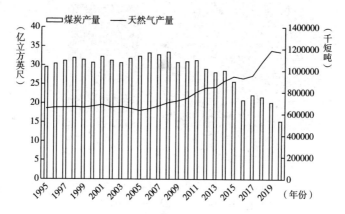

图4-3　1995~2019年美国天然气产量和煤炭产量

资料来源：Monthly Energy Review , The U.S. Energy Information Administration（EIA）, https：//www.eia.gov/totalenergy/data/monthly。

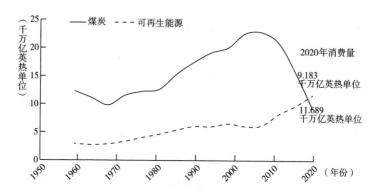

图4-4　1950~2020年美国煤炭和可再生能源消费量

资料来源： The U.S. Energy Information Administration（EIA）, https：//www.eia.gov/totalenergy/data/monthly。

---

① Monthly Energy Review，The U.S. Energy Information Administration（EIA）, https：//www.eia.gov/totalenergy/data/monthly/.

1970~2008 年，美国原油年产量普遍下降。2009 年，趋势逆转，产量开始上升。2019 年，美国原油产量达到创纪录的每天 1225 万桶。更具成本效益的钻井和生产技术有助于推动产量增长，在得克萨斯州和北达科他州增长尤为显著。2020 年，美国原油产量降至每天约 1131 万桶。受全球新冠肺炎疫情的影响，2020 年 3 月和 4 月美国石油需求大幅下降，从而导致美国石油产量下降（见图 4-5）。[①]

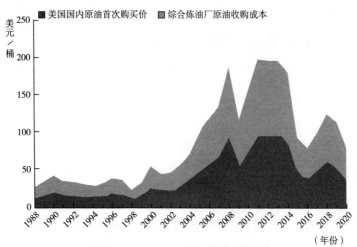

图4-5 1988~2020年美国能源价格

资料来源：Monthly Energy Review，The U.S. Energy Information Administration（EIA），https：//www.eia.gov/totalenergy/data/monthly/。

【美国能源战略】

美国的能源战略主要由美国能源部（United States Department

---

① Monthly Energy Review，The U.S. Energy Information Administration（EIA），https：//www.eia.gov/totalenergy/data/monthly/.

of Energy，DOE）制定，主要负责能源安全、政策、运营和项目等方面的战略研究并做好美国国务卿的主要顾问。DOE 正是通过在能源和美国国家安全的关键交叉点运作，确保美国在全球能源问题上的领导地位。

具体而言，DOE 的主要职责如下。

一是加强能源安全。DOE 通过促进美国以及盟友和伙伴的繁荣以及能源安全来促进美国的利益。例如，DOE 通过优先审查进出加拿大、墨西哥和美国的跨境液体管道的申请，在能源基础设施方面做出了重大贡献。

二是保障美国安全。DOE 通过与美国国防部和情报机构合作，制定战略以削弱 ISIS 的能源行动，减少该恐怖组织从伊拉克和叙利亚获取的石油资源中获得的利润。为了提高稳定性，DOE 还与合作伙伴一起在全球范围内设计、实施和监督美国的能源制裁。

三是推动美国最重要的能源战略。DOE 领导美国维护全球能源的安全，发展能源多样化，保障全球能源供应安全。

美国新能源战略发展概况。新能源战略是指开发新型的能源以代替目前以化石能源为主的能源开采和消费。但自特朗普上台之后，能源政策的目标就全面转向了追求美国能源独立和促进经济与就业，其核心措施是发展化石能源。

美国新能源战略的发展趋势。特朗普的能源政策将减缓清洁能源发展，妨碍能源转型，但负面影响有限，化石能源和新能源并非不能协同发展。

美国在能源方面还陆续出台了多项法案（见表4-1）。

表4-1 美国主要能源法案介绍

法案名称	简介
《美国清洁能源安全法案》（The American Clean Energy and Security Act of 2009）	旨在减少温室气体排放、减少美国对进口石油依赖、奠定美国绿色能源蓝图。该法案的核心是限制碳排放量，通过设定碳排放上限，对美国的发电厂、炼油厂、化学公司等能源密集型企业进行碳排放限量管理
《美国国家节能政策法案》（The Energy Policy Act of 2005）	该法案在能源政策方面有明显的改进，其中包括：简化液化天然气终端管理程序、提高电力能源供应稳定性、增加汽油供应后勤的灵活性，授权大幅增加美国国家战略石油储备
《国家能源独立和安全法》（Energy Independence and Security Act of 2007）	该法案所牵涉的内容十分广泛，法案的目的是促使美国能源更加独立和更安全，增加可再生的清洁能源生产，保护消费者的利益，提高产品、建筑物、车辆的能效，以促进和研究部署温室气体捕获和存储选择，改善联邦政府的节能行为及达到其他目的
"美国第一能源计划"（American First Energy Plan）	特朗普政府提出，该计划的核心要点包括以下内容：第一，降低能源价格，尽量开发本土能源，减少国外石油进口，目标是要加大美国本土原油生产，降低美国人使用能源的价格，摆脱美国对进口能源的依赖，以增进美国能源安全；第二，为美国能源工业松绑，取消对美国能源有害的"气候行动计划"；第三，继续本土页岩油气开发的战略，页岩油产量自2005年的9000万桶左右增加到2015年的17亿桶左右；第四，支持清洁煤技术，重振美国煤炭工业；第五，能源政策将致力于保护环境与资源

4.1.2　电力业

　　美国电力工业十分发达，至今已有百余年的历史。自 1886 年发明交流变压器后交流系统的优越性日趋明显，并逐渐取代了直流供电系统，到今天交流供电系统已经成为主流。总体来说，在过去 70 年里，美国的发电量总体虽然在上升，但增速是下降的，并且近十年中有部分年份还呈现负增长的态势（见图 4-6）。

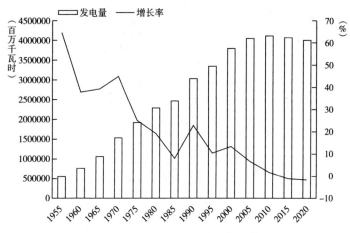

图4-6　1955~2020年美国发电量统计

资料来源：The U.S. Energy Information Administration（EIA），https：//www.eia.gov/totalenergy/data/monthly/。

　　美国的发电装机到 1990 年已经发展到了十分稳定的阶段。2019 年煤电装机比例为 22.3%，预计在未来 30 年内将持续下降，但是并不会完全"去煤"，到 2050 年煤电装机的比例依然占到 7.5%。可再生能源比例也将从 2019 年的 22.2% 稳步上升，到 2050 年达到 36.6%。天然气发电（包括联合循环和其他燃气发电）装机将会继续保持稳定增长的趋势，2050 年将达到 51.2%，而核电装机将从 2019 年的 9.4% 降至 2050 年的 4.7%（见表 4-2）。

表4-2　2019~2050年美国发电装机容量预测

单位：GW，%

	2019 年实际		2020 年预测		2030 年预测		2040 年预测		2050 年预测	
	容量	占比	容量	占比	容量	占比	容量	占比	容量	占比
煤电	233.8	22.3	226.1	21	21.00	0	126.6	9	125.4	7.5
天然气	481.8	46.1	491.8	45.8	603.1	54.2	716.8	50.9	857.2	51.2
核电	98.1	9.4	97.1	9.0	83.3	7.5	78.9	5.6	78.5	4.7
可再生能源	232.3	22.2	259.2	24.1	425.4	38.3	486.4	34.5	613.3	36.6
总计	1046	100	1074.2	100	1112	100	1408.7	100	1674.4	100

资料来源：The U.S. Energy Information Administration（EIA），https：//www.eia.gov/electricity/data/eia860M/。

按照发电所使用的能源种类划分，美国电力工业可划分为火电、核电和可再生能源发电。火电又包括煤炭发电、天然气发电以及石油发电；可再生能源一般包括水力发电、生物质能源发电、太阳能发电和风力发电等。

煤炭发电作为美国电力工业的传统产业，数十年来一直占据整个美国发电总量约 50% 的比例。近十年来，核电厂、水电站的发展主要集中在技术的优化和效率的提高等方面，并未有新厂的建立，预计未来仍将保持现有的市场规模。而石油发电方面，鉴于石油发电带来的环境压力以及国际日益高昂的石油价格，本来就占比量较小的石油发电近年来更是难以为继。

美国电力实行联邦和州两级监管体系。在联邦一级，主要由联邦能源监管委员会实施监管，而在州一级，则主要由州公共事业委员会（State Public Utility Commission）行使管理职责。二者主要通过制定各种规章、监管市场准入和价格等手段，实现对电力市场的监管。

智能电网就是电网的智能化（智电电力），也被称为"电网 2.0"。它是建立在集成的、高速双向通信网络的基础上，通过先进的传感和测量技术、设备技术、控制方法以及决策支持系统技术的应用，以达到电网的可靠、安全、经济、高效、环境友好和使用安全的目标，其主要特征包括自愈、激励和保护用户、抵御攻击、提供满足 21 世纪用户需求的电能质量、容许各种不同发电形式的接入、启动电力市场以及资产的优化高效运行。

美国总统拜登在 2021 年 2 月 31 日发布了 2 万亿美元的 10 年经济振兴和就业计划，其中就包括智能电网的建设。智能电网的发展在全世界还处于起步阶段，没有一个共同的精确定义，其技术大致可分为高级量测体系、高级配电运行、高级输电运行和高级资产管理四个领域。与现有电网相比，智能电网体现出了电力流、信息流和业务流高度融合的显著特点。

美国政府搭建智能电网出于三个考量：一是由于美国电网设备比较落后，亟须进行更新改造，以提高电网运营的可靠性；二是通过智能电网建设将美国拉出金融危机的泥潭；三是为了进一步提高能源利用效率。

智能电网的应用主要体现在现代通信技术、传感测量技术、自动化控制技术、电网信息管理系统、分布式电源接入技术等方面。

4.1.3　制造业

金融危机后，美国开始推进再工业化战略，并陆续出台了一系列政策及措施以重振制造业。制造业创新网络主要目标是提升制造竞争力，推动创新技术向规模化、高效益的本土制造能力转化，大力推动先进制造劳动力的发展，扶持制造和创新领域各机构稳定的、可持续发展的商业模式。

由图 4-7 可以看出，2002~2018 年美国制造业的总产量变化趋于稳定，增长较为平稳，没有大幅波动，但是燃料消耗以及能源密度呈下降的趋势，这与当时新材料领域的创新变化、新能源的发展有很大关系。

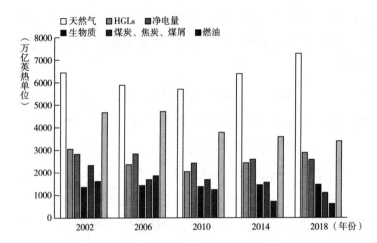

图4-7 2002~2018年按主要能源划分的美国制造业能源消耗

注：包括燃料和非燃料使用。HGLs指碳氢化合物气体和液体；生物质指木材和木材加工残留物，包括制浆/黑液和农业残留物。

资料来源：Manufacturing Energy Consumption Survey（MECS），The U.S. Energy Information Administration（EIA），https：//www.eia.gov/energyexplained/use-of-energy/industry-in-depth.php。

2018年，生物质的使用几乎全部作为燃料，大多是木材和纸制品行业。煤炭、焦炭、煤屑占制造业能耗的6%，其中62%用作燃料，38%用作原料。燃油（馏分油和残余燃料）合计占制造业能源使用的3%，其中92%用作燃料。

美国制造业发展在高端制造业领域处于领先地位，新兴国家短期内很难对其形成竞争压力；消费电子生产等中端制造业很可能成为回流主体；低端制造业领域，美国回流可能性较小。从产业布局来看，美国制造业的主要优势依然是建立在持续创新能力基础上的技术优势和处于价值链高端的国际分工优势。目前美国政府正在大力推进工业互联网建设，实现制造业向智能化转型。同时，美国在航空航天、生物医药、电子信息等高端制造业上将依然保持较强的技术优势。智能制造时代以此为代表的中端制造业回流具有一定的空间。2020~2027 年全球智能制造产值规模预测见图 4-8。

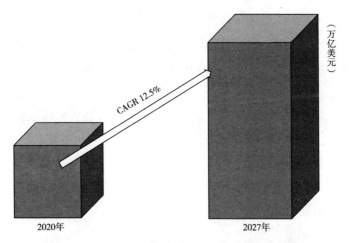

图4-8　2020~2027年全球智能制造产值规模预测

注：CAGR是Compound Annual Growth Rate的缩写，指复合年均增长率，即一项投资在特定时期内的年度增长率。

资料来源：Smart Manufacturing Market：Global Industry Analysis and Market Technology，Key Trends，https：//www.maximizemarketresearch. com/market-report/global-smart-manufacturing-market/21436/。

在制造业原材料方面，美国制造业数据权威机构"供应管理协会"（Institute for Supply Management，ISM）的调查报告显示，受到关税的影响，美国 2018 年 3 月的原材料成本创下了 7 年来的最高。不过，从目前的情况来看，美国制造业还没有因此发生大规模衰落，3 月的数据也仅发生了小幅下滑。

特朗普政府对美国进口的多国钢铁和铝产品加征关税的声明导致了制造业进行"恐慌性购买"，这直接推高了价格，甚至有一部分的原材料直接"卖断货"。并且"恐慌性购买"直接造成近期价格上涨，导致库存只能用于优先满足签约客户，非签约客户面临短缺问题。

虽然相关数据依然保持乐观，但是美国 2018 年 3 月的制造业就业人数、新订单数和生产都在下降，而原材料的缺乏正是主要原因。

图 4-9 描述的是工业生产中塑料和橡胶制品制造业的工

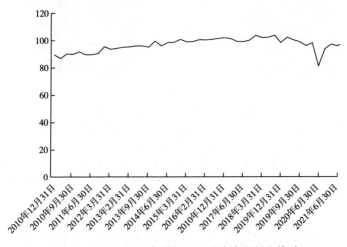

图4-9 2010~2021年美国工业生产中塑料和橡胶制品制造的工业生产指数

资料来源：US Industrial Production：Plastics and Rubber Products Manufacturing，https：//ycharts.com/indicators/us_industrial_production_plastics_and_rubber_products_manufacturing_sa。

业生产指数（NAICS），可以看出，2021 年塑料和橡胶制品制造业处于 98.81 的水平，高于上一季度的 95.97 和一年前的 93.90，比上一季度和一年前分别增长 2.96% 和 5.23%。

4.1.4　食品业

美国作为全球头号经济强国和科技强国，其工业发展趋势对我国有着良好的借鉴价值。2020 年，美国零售和食品服务销售额突破 6.2 万亿美元，已经连续 11 年实现增长。[1]

美国食品制造业中除了糖果行业和烘焙行业波动比较大外，其他主要食品产业均处于相对稳定状态，升降不显著。这与美国整个国家的食品消费水平已经达到相当高度有关，美国常规食品的消费几近饱和。

尽管美国的大部分常规食品的产量几乎呈现不变状态，但是随着美国经济的发展和消费者对于健康需求的增长，其功能性食品呈快速增长态势，特别是营养增补剂、维生素和矿物质几乎呈线性增长。事实上，研发投资强度与其销售额增长幅度间有着良好的正比关系。美国食品工业较缓的增长与其较低的研发投入相关。

食品安全是美国的一项民生工程。在美国，上至总统，下至普通百姓，对食品安全都非常关注。美国至少有 30 部法律涉及食品安全管理。食品安全相关法规及其特点见表 4-3。

---

[1] U.S. Food Retail Industry—Statistics & Facts，https://www.statista.com/topics/1660/food-retail/#topicHeader__wrapper.

表4-3 美国食品安全相关法规及其特点

法规	特点
《联邦食品、药品和化妆品法》(Federal Food, Drug, and Cosmetic Act, FFDCA)	是美国食品安全监管的基本大法。该法明确了食品安全生产的基本要求以及监管部门的主要职责,授予美国食品药品管理局(FDA)对假冒伪劣食品强制召回的权力
《联邦肉产品检查法》(Federal Meat Inspection Act)	是专门针对猪、牛、羊等家畜屠宰及其肉产品生产加工的法律。该法授权美国农业部对家畜屠宰场及肉产品生产企业进行严格的监督检查
《家禽产品检查法》(Poultry Products Inspection Act)	是专门针对鸡、鹅、鸭等家禽屠宰及禽肉产品生产加工的法律。该法于1957年通过,授权美国农业部对家禽屠宰场及禽肉产品生产企业进行严格监督检查
《婴幼儿配方乳粉法》	是专门针对婴幼儿配方乳粉监管的法律。该法规定婴幼儿配方乳粉为一种特殊类型的食品,要求生产企业严格执行生产质量管理规范,监管部门加大监督检查的力度,预防悲剧事件的发生
《食品安全现代化法》(Food Safty Modernization Act, FSMA)	该法强调预防为主的食品安全监管理念,要求食品生产企业制定详细的食品安全风险预防计划,要求美国食品药品管理局针对水果、蔬菜的种植、采收和包装制定安全标准,并加大对食品生产企业的检查频次,密切联邦、州和地方食品安全监管机构之间的合作

农业部食品安全、检查局(FSIS)和美国食品药品监督管理局(FDA)是最主要的两个联邦政府食品安全管理机构。此外,疾病预防与控制中心、环境保护署等13个联邦政府机构也参与联邦政府的食品安全管理。

FDA负责除肉、禽和蛋产品以外其余所有食品的监督管理。FDA对食品生产企业的检查频率取决于食品生产企业的风险高低。法律规定,对高风险企业,2011~2016年,FDA必须至少检查1次,2016年之后必须每3年至少检查1次;

对非高风险企业，2011~2018 年，FDA 必须至少检查 1 次，2018 年之后必须每 5 年至少检查 1 次。

食品安全和检查局负责肉、禽和蛋制品的监督管理。该机构共有 9600 名员工，负责对美国国内 6300 多家肉、禽和蛋制品生产企业的日常监督检查以及对进口肉、禽和蛋制品生产企业的监督检查，其监督管理的食品约占美国食品消费总量的 10%~20%。除对肉、禽和蛋制品生产企业的日常监督检查以外，该机构还负责对餐馆、超市、杂货店、仓库等场所的肉、禽和蛋制品进行监督检查。

其余 13 个联邦政府机构在食品安全管理方面的基本职责见表4-4。

表4-4　主要负责食品安全管理的联邦政府机构

联邦部委	主管机构	主要职责
卫生与公众服务部	疾病预防与控制中心	负责预防和控制食源性疾病
农业部	农业市场局	负责制定水果、蔬菜、肉、蛋、奶等常见食品的市场质量分级标准
	动植物卫生检查局	负责预防和控制动植物病虫害
	谷物检查、包装和牲畜饲养场管理局	负责制定谷物质量标准、检查程序及市场管理
	农业研究局	负责提供科学研究数据，确保食品供应安全并符合国内外相关法规要求
	经济研究局	负责研究经济问题对食品供应安全的影响

联邦部委	主管机构	主要职责
农业部	国家农业统计局	负责收集、整理杀虫剂使用量等相关统计数据
	国家食品和农业研究所	负责与大学和科研院所进行合作，研究美国食品安全面临的挑战、应对措施并开展教育活动
环境保护署		负责杀虫剂产品的注册并制定食品中农药残留限量标准及普通饮用水标准；瓶装水标准由食品药品管理局负责制定
财政部	酒精、烟草和税务局	负责对酒类产品的生产、标签和流通进行管理
商务部	国家海洋渔业局	负责海产品的安全性和质量检查，该检查属于收费类、企业自愿申请的检查
国土安全部	关税和边境局	负责在边境口岸协助检查进口食品
联邦贸易署		负责查处食品虚假广告

食品安全管理体系的特点主要在于：强调预防为主的食品安全监管理念，按产品类别划分监管职责并实施全过程监管，加强对进口食品的监督检查，通过制定、修订法律的方式应对食品安全危机。

4.1.5 农业

美国的农业生产严重依赖于国家的土地、水和其他自然资源，并且直接影响到国家自然环境的质量。多年来，美国农业部对资源的有效利用大大改善了单位产出所需的土地和水量，公共和私人的协调一致努力大大改善了该部门的环境绩效。

美国农业部的保护工作主要依靠自愿激励项目来解决自然资源问题。美国农业部为保护环境敏感土地，通过资助农民的方式将他们转移至适宜生产的土地上进行作业，并鼓励在包括草地、水道和河岸缓冲区在内的部分农田进行作业。工作用地计划向在生产土地上安装或维持保护措施的农民提供技术和财政援助。农业用地计划为湿地提供长期保护，区域保护伙伴计划与合作伙伴协调保护项目解决区域或流域范围内的用地问题。

2017 年末，美国休耕保护项目（CRP）覆盖了 2340 万英亩的环境敏感土地，每年的预算约为 18 亿美元（按当时的支出计算，这是美国农业部最大的保护项目）。

【农业用地】

由图 4-10 可知，2008 年美国农业用地面积最大，2011 年

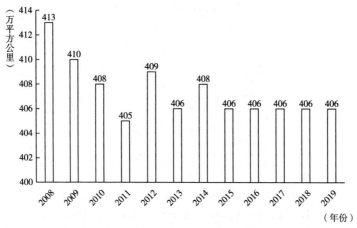

图4-10 2008~2019年美国农业用地面积

资料来源：观研报告网，http://data.chinabaogao.com/nonglinmuyu/2020/042JZ6312020.html。

农业用地面积最小。但总体来看，美国的农业用地面积都在400万平方公里以上，且每年用地数量没有较大的变动。

从土地用途占土地面积比重来看，2013~2015年，农业用地比重最高，之后是林地、耕地，最后是永久性农地。

【农产品】

从农产品进出口价格来看，2006~2016年，出口价格大于进口价格，但差距并不明显。从趋势来看，进口价格大致呈上升趋势；出口价格在2006~2014年呈上升趋势，2015~2016年呈下降趋势；同时，进出口价格的差距逐渐缩小（见图4-11）。

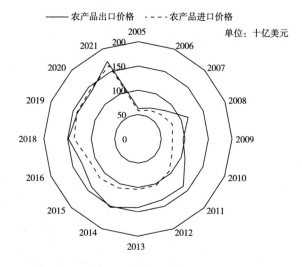

图4-11 2005~2021年美国农产品的进出口价格

资料来源：United States Department of Agriculture（USDA），https：//usda.library.cornell.edu/concern/publications/6m311p28w?locale=en&page=4#release-items。

2018 年《两党预算法》修订了 2014 年农业法案,在价格损失补偿(PLC)和农业风险保障(ARC)保险项目下添加了籽棉作为保护商品。6 月底到 7 月上旬,美国农业部开始向生产者发送当前的基本农田面积、产量和 2008~2012 年种植情况等信息。7 月,生产者分配耕地面积并更新籽棉产量情况。根据该法案,FSA 正在使用 2009~2012 年数据来计算一般基本农田面积与籽棉基础面积的比例。2008~2012 年计算的产量需要补充籽棉数据。这些资料是农业生产者计划用来决定如何安排基本农田面积和更新籽棉产量的重要参考。该项计划要求这些拥有棉花耕地的农场生产者 2018 年夏天务必完成 ARC 或 PLC 的合同签署。所有生产者将在 ARC 或 PLC 计划中就籽棉保险进行一次性、无异议和确定性的选择。此外,选择基于整个农场选项的 ARC 项目的生产者还可继续保留该选项。

4.1.6 零售业

零售业作为美国最大的产业之一,拥有众多的企业和从业者。200 多年的发展,使美国零售业形成了覆盖全面的经营形态、风格独特的服务文化、严谨规范的渠道体系和不断翻新的经营思路。

现代的美国零售业态主要分为顶级购物中心、大众百货商店、专业超市、网络销售、折扣店、综合超市、仓储俱乐部、便利店、廉价商店、旧货市场等。

美国零售业的经营模式整体上以专业化、高档化为主,还凭借现代化电子信息技术，实现了以 EDP、MIS、DSS 为核心的零售业全程信息自动化，从而改变了传统人工化零售业的运作模式，进而在营销手段、分析销售资料、运行补货系统、搜集顾客资料等方面都实现了现代化电子技术管理。

近年来美国自有品牌产品所占比重不断上升。自有品牌由于价格优势、品质稳定可靠、宣传和促销力度大、不断推出新品等有利条件，使产品的市场占有率不断上升。

由图 4-12 可以看出，美国零售和食品服务的销售额一直处于相对平稳的增长状态，虽然在每年的 1 月都有较大的波动，但也会归于平稳，这与近年来零售业的发展状态、经济形势以及消费需求的变化有很大的关系。

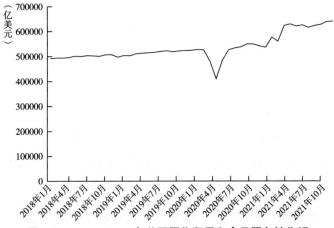

图4-12　2018~2021年美国零售贸易和食品服务销售额

资料来源：Advance Monthly Sales for Retail and Food Services，https：//www.census.gov/econ/currentdata/dbsearch?program=MARTS&startYear=1992&endYear=2021&categories=44X72&dataType=SM&geoLevel=US&adjusted=1&notAdjusted=1&errorData=0。

4.1.7　交通运输业

美国的物流业和运输业竞争激烈。美国高度集成的供应链网络通过多种运输方式将生产者和消费者联系起来，包括空运和快递服务、货运铁路、海运和卡车运输。为了有效地为客户服务，跨国公司和国内公司还会提供量身定制的物流和运输解决方案，以确保通过每个供应链网络部门，从源头到最终用户协调货物的运输。

【物流服务】

该部门包括进出境运输管理、车队管理、仓储、物料搬运、订单履行、物流网络设计、库存管理、供需规划、第三方物流管理等支持服务。物流服务涉及货物运输的计划和执行的各个层次。

【航空和快递服务】

公司为文件、小包裹和高价值物品提供快速、准时和端到端的服务。航空和快递服务（EDS）行业的增长是由于企业和消费者使用电子商务的扩展所产生。

【货运铁路】

大量的重型货物和产品通过铁路网络长途运输到美国各地。服务于几乎所有工业、批发、零售和资源型经济部门。货运铁路运输了美国 70% 以上的煤炭，58% 的原始金属矿石，160 万辆卡车的小麦、玉米和其他农产品，1370 万台集装箱和拖车用于运输消费品。

【海事】

该部门包括承运人、海港、码头和涉及通过水路运输货物和乘客的劳工。水运运输了近 70% 的美国国际商品贸易，包括美国 72% 的出口吨位。

【卡车运输】

通过公路运输的货物由机动车辆负责中、短途运输。根据美国卡车运输协会的数据，2016 年卡车运输收入为 6762 亿美元，总计运送了 100 多亿吨货物。

美国联邦政府运输行政管理机构是经过多年演变而成的，依据国家的有关法律，各管理部门、机构根据法律的授权行使自己的管理职能。鉴于运输在经济社会发展中的重要地位，美国进一步整顿联邦运输政策和管理机构，使二者统一起来，采用综合和协调的运输决策程序。美国运输部于 1967 年 4 月 1 日正式运转后，把联邦政府中原来管理交通运输事务的 8 个部委、3 个局处的业务纳入一个管理部门。

4.1.8 高科技行业

美国发展迅速的几个高科技领域是生物技术、电子信息产业、航空航天业、纳米技术、先进制造业。美国是世界制造业的头号大国，强大的制造业奠定了美国经济繁荣的基础。

【消费电子产品制造】

在 CES2016 上，美国消费电子制造企业所引领的新技术领域包括 VR、智能家电以及智能汽车、可穿戴设备。它们正在更加广泛地走向大众，传统与怀旧的电子产品也被人重新唤醒。VR 代表的虚拟现实领域中，美国企业 Oculus 作为领军代表一直树立着行业的标杆。Google 和特斯拉都是全球无人驾驶汽车的典型代表。可穿戴设备企业 Fitbit、JawboneUP 也于 2014 年在全球领域掀起了一场智能手环可穿戴设备的潮流。苹果公司则在全球消费电子领域占据了巨大市场。

【半导体制造】

半导体芯片制造领域的核心推动者是英特尔（Intel）和高通，它们分别代表着 X86 和 ARM 的不同架构。英特尔和微软之间的合作将微软公司新开发的系统和英特尔的新芯片进行相应的适配和软件系统的定制服务，英特尔和微软公司的搭配共同助推和支持着全球行业技术和硬件设备的更新发展和不断创新。英特尔和微软所建立的软硬件的产业联盟也在一定程度上占据了 IBM 公司在个人计算机市场上的绝对核心地位，双方也通过控制下游个人计算机的相关制造和生产企业而不断从软件系统和硬件设计上获取巨额的资金收入。

美国高技术产业发展的特点在于：产业竞争力持续遥遥领先，技术水平位居全球制高点，IT 产业持续复苏趋势显著，企业参与活跃度明显增强。研发作为美国极端重要的投入领域，其经费的来源主体是企业和政府，美国不仅在企业研发方面投入规模很大，其财政科技投入的规模也很大，这使得美国专利产出数量多年来一直稳居世界首位。在雄厚的科研力量支撑下，美国高技术产业非常发达，在全球长期占据着主导地位。

如图4-13所示，美国的 R&D 国内支出一直处于领先地位，并且增长幅度较大。

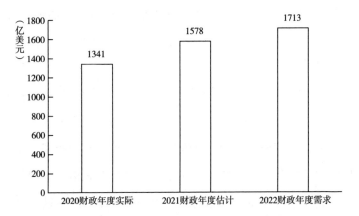

图4-13　2020~2022财政年度联邦研究与发展基金

资料来源：Congressional Research Service：Federal Research and Development（R&D）Funding：FY2022，https：//sgp.fas.org/crs/misc/R46869.pdf。

美国联邦通信委员会（Federal Communications Commission，FCC）是一个独立的美国联邦政府机构，由美国国会法令授权创立，并由国会领导。机构下共设立了7个局和11个办公室，主要责任为：办理执照申请，处理投诉，展开调查，制定规章并提取意见。

美国是世界上最早建立知识产权法律和制度的国家之一。美国的知识产权保护可以分为立法、行政、司法三个层面。

目前，美国已经建立起一套完整的知识产权法律体系。美国主要的知识产权法规包括以下几个方面。

在专利法方面，1996年美国国会修改了《专利法》，1999年又颁布了《美国发明人保护法》，确立了专利先发明制度和1年的宽限期保护制度以及早期公开制度。2011年9月16日，美国总统奥巴马签署《美国发明法案》，修改了美国专利法。

在商标法方面，现遵循的是颁布于1946年的《兰哈姆法》。1996年，美国开始实施《美国联邦商标反淡化法》，对著名商标进行了更为严格的保护，规定了著名商标的保护和使用的原则，以及混淆、诋毁行为的法律责任等内容，解决了与互联网域名有关的商标淡化问题。

在商业秘密保护方面，美国一直把对商业机密的保护列为各州法律调整的范围。1996年，美国制定了《联邦商业间谍法》，把盗窃商业信息行为列入刑事责任范围，这是美国在知识产权保护方面最为严厉的法律。

此外，美国制定了保护其国内企业和国家利益的知识产权保护条款，即"337条款"。该条款主要是用来反对进口贸易中的知识产权侵权和不公平竞争行为，特别是保护美国知识产权人的权益不受涉嫌侵权进口产品的侵害。随着美国对外贸易政策从"自由贸易"向"保护贸易"转变，"337条款"已经成为管制外国生产商向美国输入产品侵犯知识产权的法律规则和单边制裁措施。

美国联邦的知识产权管理机构按功能可分为两类（见表 4-5）。

表4-5　美国知识产权管理机构及其职责

类 型	机 构		职 责
行政主管机关	专利商标局	专利、商标审查登记部门	主管专利、商标计划控制及审查、登记
		专利、商标文件部门	主管有关文件分类、技术评估及预测等
	商务部下设的国际贸易委员会		负责美国对外贸易政策中有关知识产权保护的决策与执行
	版权办公室		负责版权登记、公告和版权纠纷的行政处理
	其他政府机构（如能源部、农业部、环保署、卫生部等）各自拥有的专利管理部门		有权以各自机构的名义进行专利的申请、维护以及许可转让
与科技法律有关的机构	如国会研究服务署、会计署、科技评估室、国会预算室等		研究科技政策、草拟科技立法、修正与知识产权有关的法案，以及收集最新的科技资讯

资料来源：上海科学技术情报研究所（ISTIS）整理、编制，http：//www.istis.sh.cn/list/list.aspx?id=7478。

信息技术的发展带动了美国本国以及各国对信息服务的巨大需求，而美国作为世界信息技术主导者，政府也对增强本国信息服务业的国际竞争力长期给予了特别的关注，无论在《关贸总协定》还是后来的世界贸易组织等多边谈判中，美国一直都在为本国信息服务业突破各种限制进行不懈的努力。

4.1.9 旅游业

美国拥有得天独厚的旅游资源，其旅游服务贸易在全球范围具有很强的竞争优势。独特的风土人情、便利的交通、新奇的高技术、物美价廉的消费品以及良好的商务环境，每年都吸引着数以千万计的外国游客与旅行者。多年来，美国一直是全球最主要的旅游目的地国家，是每年接待外国游客人数最多的国家。美国也是全球旅游收入最多的国家。旅游业多年来一直是其最大的服务出口产业，并且基本上保持着持续上升的趋势。美国的国际旅游收入中，有近2/3与文化旅游有关。美国也是世界上博物馆最多的国家，拥有大型博物馆1.6万个，特别令外国旅游者青睐的是美国的各种博物馆、展览馆、专业艺术中心、影视中心、迪斯尼乐园、著名学术机构以及每年翻新的各类文化艺术长廊等。美国旅游业的创收还有相当一部分来自加拿大。加拿大毗邻美国，且《北美自由贸易协定》和美加相互开放领空协定为美加间商务往来大开方便之门，促进了美加旅游业的发展，这既扩大了区域内服务贸易发展的可能性，也为服务生产和文化生活的国际化带来了契机。根据美国商务部的预测，到2023年，美国每年将迎来9550万国际游客（几乎是2000年的2倍）。美国在国际旅行和旅游出口和排名方面处于领先地位，在总访问量方面排名第3。[①]

[①] selectUSA，https：//www.selectusa.gov/travel-tourism-and-hospitality-industry-united-states.

4.1.10 建筑业

建筑业是美国的支柱型产业。美国有一套独特的建筑管理理念，即投资主体私有化、建筑风格多样化、配套设施全面化、建筑材料标准化、建筑管理法治化。建筑业的法律法规制度等在各州各地区也不相同。办理建筑工程许可证涉及市、州与联邦政府若干的法律法规条例。取得建筑工程许可证涉及市政府许多部门，美国核发建筑许可证制度，旨在解决这样一些问题：一是任何一项建筑工程从设计、施工到竣工交付使用，必须严格遵守区、市、州、联邦政府的各项法律法规，依法建筑、依法办事；二是任何一次建筑活动必须充分考虑安全、环保、卫生、消防、劳保、防震、残障人士、街道社区影响等种种因素；三是任何一项建筑都必须层层审核、层层把关，力求设计完善，功能齐全，使用方便，优质安全，保护环境，符合城市社区街道的整体规划或布局；四是有一整套法律程序、法律体系和临管机构。

【基础设施】

美国的交通基础设施完善发达，公路和高速公路系统覆盖全国。根据世界银行 2014 年 10 月公布的全球物流绩效指数，美国的国际物流绩效指数为 3.92，在全球 198 个国家中排名第 9，位居前列（见表 4-6）。

表4-6 2006~2018年美国交通运输情况

年份	航空运输货运量（百万吨公里）	航空运输客运量（人次）	铁路货运量（百万吨公里）	铁路客运量（人次）	铁路总里程（公里）	货柜码头吞吐量（TEU：20英尺当量单位）
2006	39881.90	725530965.00	2839124.00	8660.00	191771.00	40896742.00
2007	40617.74	744302310.00	2820061.00	9059.00	193561.00	44839390.00
2008	39313.60	701779551.00	2788230.00	9935.00	192123.00	42411770.05
2009	35097.67	679423408.00	2431181.00	9476.00	191785.00	37353574.90
2010	39353.26	720497000.00	2468738.00	9518.00	194431.00	42058000.00
2011	39621.91	730796000.00	2524585.00	9518.00	194136.00	42537745.00
2012	39111.34	736699000.00	2524585.00	9518.00	153517.00	43637315.00
2013	37113.56	743171000.00	2541354.00	10960.00	154322.00	44427127.00
2014	38225.20	762710000.00	2702736.00	10740.56	152933.00	47849621.00
2015	37866.22	798222000.00	2547253.00	10518.69	151735.00	49527457.00
2016	38657.92	824039000.00	2314693.00	10492.00	151270.00	50181794.00
2017	41591.55	849403000.00	2445132.00	10660.00	150966.00	51425466.00
2018	42985.00	889022000.00	2314699.00	31963.00	150462.00	54776341.00

资料来源：World Bank, https：//data.worldbank.org/indicator/IS.AIR.GOOD.MT.K1。

【房地产业】

关于美国的房地产行业发展情况，从房屋实际价格来看，与2008年相比还是有很大差距的；从房屋拥有率来看，2021年，美国住房拥有率为65.5%，比2020年的65.8%下降了0.3个百分点，但进一步抛盘的可能性不大，而且目前较低的住房拥有率还伴随着较低的空房率[1]；从房地产贷款质量来看，银行的放

---

[1] Home Ownership Rate in the United States from 1990 to 2021，https://www.statista.com/statistics/184902/homeownership-rate-in-the-us-since-2003/.

贷标准过于谨慎，贷款违约率不断下降，不像危机前的逐步上升；从租金房价比来看，较高的租金对房价形成有效支撑。而且失业群体越多，租房群体越大，租金收益越高，对房价就形成越强有力的支撑。

图 4-14 描述了国际买家购房数据中向中国买家出售住房的销售额。可以发现，销售额数据在 2019~2021 年持续下降。据多年来美国房地产业的统计，美国房地产的走势与美国的失业率、通货膨胀率、美元汇率以及真实的现状有关。长远来看，房地产投资回报将会相对稳定。

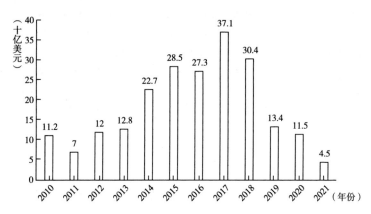

图4-14　2010~2021年美国住宅房地产面向中国的现房国际交易金额

注：2010~2015年的估计数包括一些商业交易；从2016年开始，估计数仅包括住宅交易。

资料来源："Profile of International Transactions in U.S. Residential Real Estate 2021"，https：//www.nar.realtor/research-and-statistics/research-reports/international-transactions-in-u-s-residential-real-estate。

政府对土地的管辖权力主要包括征税（Taxation）、警察权（Police Power）、强制征用（Eminent Domain）、土地充公（Escheat）等，政府对土地利用的控制主要是通过制定规划和规划法规来实现的。主要的规划建筑法规有：总体规划（Master Plan）、分区条例（Zoning Ordinance）、建筑法典（Building Codes）、地块划分规则（Subdivision Regulations）。除了规划法规对土地利用的限制外，环境保护法律也对土地利用有严格的约束。

除了政府对土地利用的控制外，私人业主和土地分割商等在转让土地时往往也设定一些对土地用途的限制条件，这些限制条件一般以契约的形式规定。一般情况下，私人对土地用途的限制契约都要到登记机关登记，对今后的后续受让人都有约束力。

美国房地产行业的特点主要有：房地产业发展与社会经济发展比较协调、商业房地产以租赁作为主要经营方式、房地产业经营的规模化专业化程度高、有健全的房地产保险制度、集约用地、土地利用效率高等。

美国房地产行业的发展情况主要在于：房价涨幅逐渐趋于稳定，住房需求稳中有升；可售物业比例下降，城市住房供应减少；房地产行业发展相对合理；房地产行业效率高，专业化程度高；土地利用率高，集约化程度高；中小型企业成为房地产行业核心。

4.2 美国允许外商投资的行业

美国对于外国投资没有专门的审批程序，因此外国投资事宜一律遵照所有本土公司的法律法规进行办理。外国投资无须审批，按照所在地区的投资主管部门规定进行申报即可，由美国财务部、商务部等组成的外国投资委员会（CFIUS）进行可能的风险审查。

在联邦政府层面，美国对外国的直接投资实行中立政策，即地点、行业两方面的中立。截至目前，联邦政府没有一项专门针对外国在美国投资基础设施总体上进行限制的政策，但对于外国投资进入美国具体的技术设施领域往往实行对等原则。联邦政府不出台针对特定地点和行业的优惠政策，由各州和各地方政府根据当地情况出台吸引或限制投资的具体政策。[①]

【航空航天业】

《美国双边航空安全协议》能够促进美国制造的航空航天产品在美国以外的 47 个地区获得适航批准。可投资的领域包括大型民用飞机、旋翼机、商业航天、通用航空、发动机、无人驾驶飞机系统、机场基础设施、航空燃料和原料供应。

【农业综合企业】

农业综合企业为美国经济贡献超过 1590 亿美元的出口销

---

① selectUSA，www.selectusa.gov.

售额，外国直接投资超过 140 亿美元。农业综合企业包括农业化学品、作物生产、水产养殖、林业和伐木以及畜牧业等部门领域。

【汽车产业】

美国凭借开放的投资政策、庞大的消费市场、高技能的劳动力、可用的基础设施以及地方和州政府的激励措施，成为 21 世纪汽车行业的主要市场。汽车的可投资领域部门主要有汽车零部件供应以及创新研发。

【生物制药产业】

美国拥有世界上最支持药物开发和商业化的环境，市场壁垒最小。生物制药可投资领域主要包括原创化学衍生药物、仿制药、生物技术药物的后续生物制品。

【化学工业】

化学工业是美国最大的制造业之一，可投资领域有基础化学品、特种化学品、农用化学品、药品、消费产品等领域。

【消费品行业】

美国在消费品市场研究、产品创新、制造以及品牌推广和营销方面处于世界领先地位。消费品行业可投资的子行业包括家电、玩具、家具和家居用品、休闲船、休闲车（RV）、摩托车、游戏、礼物、问候卡、学校和办公用品、珠宝、体育用品、乐器、加工食品和饮料等。

【能源工业】

美国在能源的生产、供应和消费方面处于领先地位。能源工业可投资的领域包括可再生能源、能源效率、可再生燃料。

【环保科技】

美国是世界上最大的单一环境技术市场，占全球 1.2 万亿美元市场规模的 1/4。美国环境技术行业经历了重大的重组和整合，环境行业的所有权和结构变化预计将继续，特别是水行业，将在基础设施上提供重大投资机会。该领域的部门包括水、空气污染控制与监测、废物管理与回收。

【金融服务业】

美国的金融市场是世界上最大和最具流动性的市场。金融公司在美国金融服务业的投资上具有显著的优势。该行业提供最丰富的金融工具和产品，让消费者能够管理风险、创造财富并满足金融需求。金融服务业涉及的领域包括银行业、资产管理、保险、风险投资、私募股权。

【物流运输业】

美国高度整合的供应链网络通过多种运输方式将生产者和消费者联系起来，为了有效地为客户服务，跨国和国内公司提供量身定制的物流和运输解决方案，以确保通过每个供应链网络从原产地到最终用户的货物协调运输。物流运输业包括物流服务、空运和快递服务、货运铁路、海上运输、卡车运输。

【机械制造业】

机械制造是美国制造业经济中规模最大、最具竞争力的部门之一。机械制造业涉及农业食品机械设备、航空航天机械、汽车机械、建筑和采矿设备及相关系统、能源机械、开采和提取能源的设备机械等领域。

【媒体和娱乐】

美国的媒体和娱乐（M&E）行业是世界上最大的行业，包括电影、电视节目和广告、流媒体内容、音乐和录音、广播、图书出版、视频游戏以及辅助服务和产品。媒体和娱乐行业涉及电影娱乐、音乐、图书出版、视频游戏等领域。

【医疗技术】

医疗器械行业依赖于美国拥有竞争优势的多个行业而发展，主要涉及微电子、电信、仪器仪表、生物技术和软件开发等行业。跨行业的合作也带来了医疗技术上的最新进展，包括神经刺激器、支架技术、生物标志物、机器人辅助和可植入电子设备的推出。医疗机械行业还涉及牙科设备和用品、电子医疗设备、体外诊断、辐照设备、外科和医疗器械、手术器械和用品等领域。

【专业服务业】

美国具有透明、稳定的监管环境，强有力的知识产权保护和执法，以及可靠的司法体系，这也使得美国对专业服务的需求非常大，涉及各个领域。专业服务业主要包括会计、建筑服务、工程服务、法律服务、管理咨询等方面。

【零售业】

美国的零售市场为各种规模的零售供应商提供了大量增长机会，不仅包括个体直销商或直销商、中小型特许经营单位所有者，还有大型"大卖场"商店运营商。2017年，美国零售业的FDI达到886亿美元。零售业的下分领域包括零售商和特许经营商。

【软件和信息技术产业】

美国软件公司拥有一个成熟、协调的市场，并以提供可靠和有效的解决方案而闻名。美国公司在全球打包和定制软件市场处于领先地位，并且在几乎所有其他细分市场中都具有竞争力和稳定的海外市场份额。该行业的分领域包括云计算服务、娱乐软件、电子商务。

【纺织业】

按行业出货量计算，美国纺织和服装行业是制造业中最重要的部门之一，纺织业的分领域包括纱线、非织造布、特种面料和工业面料、医用纺织品、防护服、市场服装。

【旅游业】

到2023年，美国的旅游业每年将迎来约9550万国际游客。旅游业的分领域包括住宿、航空旅行、餐饮服务。

4.3 美国限制外商投资的行业

美国法律对投资非常重视，从航运业到通信业等各行业

的投资都有明确而详尽的法律规定，以保障投资者的规范行为
（见表4-7）。

表4–7　各行业外商投资禁入规定

行业	禁入规定
航运业	美国法律总体上禁止外国船只从事美国各港口间的客运和商业运输业务，但允许其参与往来于美国和外国港口间的航运业务
航空业	外国投资者在从事美国国内航空运输的航空公司中的持股比例不得超过25%，并且不得用其他方式对航空公司实施控制
采矿业和能源	一般来说，煤、油、页岩油、天然气和其他非燃料矿产资源不能租赁给外国公司进行开发，对核燃料材料的投资更是严格限制
土地	法律对于外国公司拥有美国土地的限制较少，只是涉及农业土地的投资会有所规制
通信业	通过许可证限制外资投资广播、公用载波、商用移动无线电、航空固定服务和在途服务，只能直接或间接持拥有 20%~25% 以下的股权
银行业	美国联邦法律规定，只有外国的银行在其母国受到了全面监管，该银行才可以收购美国的银行
政府采购	联邦机构在某些领域所需的产品只能采购美国制造的产品

第5章

投资美国的程序
与注意事项

5.1　中国在美直接投资概况

美中关系全国委员会和美国经济咨询公司荣鼎集团2021年5月11日发布的一份报告指出，中国在美国投资的下降趋势从新冠肺炎疫情发生之前就已经开始了。这次疫情将进一步减少世界最大的两个经济体之间的投资往来。报告还指出，两国在2021年签署的阶段性贸易协定所带来的积极作用也将化为乌有。

并购交易大幅减少是中国对美投资水平下降的主要原因。此外，在2020年全球外国直接投资（FDI）大幅下降42%、总计减少8590亿美元的同时，中国的FDI逆势上扬，达到1630亿美元，首次超越美国成为世界第一大外资流入国，但中国企业对美国的绿地FDI（新设投资）在此期间则显著下降。这在很大程度上反映美国监管收紧以及中美关系前景的不确定性给双向投资带来的额外阻力。

荣鼎集团的一项研究表明，自2016年以来，中国对美风险投资的表现优于直接投资。[①] 在2014年之前，中国在美几乎

---

① 《荣鼎集团发布报告分析2020年中美投资趋势》，澎湃网，2021年5月27日，http://www.thepaper.cn/newsDetail_forward.12860954。

没有任何风险投资，但此后中国对美风险投资快速增长，2018年上半年达到了历史最高点，中国投资者贡献了约22亿美元。

自2018年下半年至2019年上半年，中国在美风险投资活动开始减弱，逐渐恢复到2016年和2017年的水平。与私人投资者相比，近期风险资本活动的下降对中国国有风险投资者的活动产生更大影响。中国国有企业在全球范围内的海外投资有所下降，这部分是因为美国外国投资委员会（CFIUS）加强了对外国风险投资的审查，特别是对与国家有关的投资者的审查。

根据安永《2021年在美中资企业年度商业调查报告》，近80%的被调查公司认为，相较于2019年，新冠肺炎疫情等因素导致在美营商环境发生变化（见图5-1）。然而，美国银行的调查显示，投资者眼中2022年投资的首要风险并非疫情，而是包括美联储在内的全球央行的政策失误。

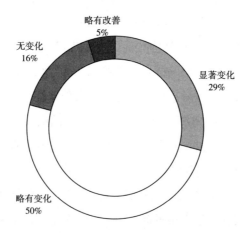

图5-1　2020年美国营商环境较上年变化情况

资料来源：《2021年在美中资企业年度商业调查报告》，CGCC&安永，2021年7月17日，http://www.199it.com/archives/1279460.html。

5.2 在美设立企业基本程序

5.2.1 确定公司形式

在美国设立公司，可设立代表处、办事处、分公司、子公司和合资公司等多种形式，只要符合美国法律要求并提交相关文件即可注册。美国没有全国统一的联邦公司法，各州对设立公司流程制定规定。

【常见形式】

美国常见的公司形式主要有C类股份有限公司（C-Corporation）、S类股份有限公司（S-Corporation）、有限责任公司（Limited Liability Company）、普通合伙公司（General Partnership）、有限合伙公司（Limited Partnership）、有限责任合伙公司（Limited Liability Partnership）、个人独资公司（Sole Proprietorship）等。外国投资者最常用的形式是C类股份有限公司和有限责任公司。

（一）C类股份有限公司

C类股份有限公司是由股东（Shareholders）共同所有的独立法人，股东持有公司股票（stock）。该形式将股东投资风险限制在公司资产范围内，股东个人财产受到保护，股东个人通常不对公司债务承担责任。

C类股份有限公司具有双重纳税的特点，当C类公司分红时，公司需要对分配的利润缴税，股东个人同时也要缴纳个人所得税。C类公司在董事会管理下运行，董事会负责公司决策事务，经理人员负责日常运营，股东不参与日常管理。符合条件的C类公司可通过上市公开发售股票开展融资。C类公司通常以名称加上"Incorporated"（缩写Inc.）或"Company"（缩写Co.）作为标记。

C类股份有限公司具有独立性和延续性的特点，当公司的创建人退休或死亡后，公司仍然可以持续发展下去。股东完全是独立于公司的，这种独立性不仅体现在法律层面上，同时也体现在税务上。C类公司要在公司层面向政府申报所得（Form1120）然后纳税，作为股东只要不从公司拿工资，或者以股息（dividend）的方式分配利润，那么公司的税务和股东个人的税务完全不产生任何联系。

2021年11月19日，拜登的税收和支出法案在众议院通过，昭示着美国迈出了税改的第一步。美国国家经济委员会副主任巴拉特·拉马穆尔蒂也在接受电视台采访时表示，拜登即将出台的税收计划的目标之一将是鼓励大型企业和跨国公司增加在美国的投资。从某些方面来看，这又进一步便利了C类股份有限公司的投资经营。新税改（TCJA）推出以前，C类股份有限公司的税率是递进式的，最低税率是15%，然后逐级递增达到35%，比个人税的最高税率39.6%稍低，但是因为有双重纳税的问题，其实税率是比个人税高一些。另外，以前的C类公司也受到最低替代税的限制（Alternative Minimum Tax），没有办法使用所有的扣除额（deductions）和抵扣额（credits）。新的税改推出以后，C类公司税率由最高税级的35%降为21%，而且这是单一的税级，也就是说，无论公司利润是多少，税率一概是21%，而新的个人税最高税率是37%，比较之下C类公司要低一些。这个税率上的改变对于大企业而言绝对是大幅度的减税，但是对于小企业而言就不见得了。这么大幅度的降税直接定调了C类公司是这次新税改受益最大的公司类型。而且新税改直接取缔了C类公司的最低替代税，却保留了个人层面的最低替代税。

C类股份有限公司的经营管理必须遵守法定的经营程序和规范，而且程序相较于其他的公司类型要烦琐得多，比如说公司必须要有董事会（Board of Directors），由股东选出，需要定期召开股东大会，然后记录重要议程及决策等。这些对于规模较小的公司而言会是一个不小的行政管理上的负担。

（二）S类股份有限公司

S可以理解为small的简写，代表的是小型的股份有限公司，同时S也是美国税法（IRC）第一章S小节的内容。S类股份有限公司常常被称为"内部拥有的公司"（Closely Held Corporation），其原因是这种类型的公司通常是不会通过上市进行融资，所以一般S类股份有限公司规模都较小，并且更趋向于合伙的形式。除此之外，S类股份有限公司还有一系列的限制和规定。

——必须是美国国内的公司才有资格成为S类股份有限公司

　　——股东人数不得超过 100 人

　　——只能有单一种类的股票

　　——只能由个人、某些信托或遗产管理委员会作为股东，不能由合伙公司、股份公司或非美国居民的外籍人士作为股东（Nonresident Alien）

　　S 类股份有限公司在税务上是所谓的"流转实体"（Pass-through Entity），即公司就像 C 类股份有限公司那样需要另外申报每年所得税的税表，但是公司的利润不需要在公司层面缴纳所得税，而是按股份比例将利润分配给每位股东，然后流转到股东个人的税表上，通过股东个人税表去缴纳所得税，这是与 C 类股份有限公司最大的一个不同之处。当然，S 类股份有限公司和 C 类股份有限公司也有相似之处，比如 S 类股份有限公司也是股份制，对于公司的控制同样是以股份的形式存在的。公司股东的个人财产也受到有限责任的保护，股东个人不需要对公司的债务承担风险，除非股东个人做了担保。

　　S 类股份有限公司的利润是不需要在公司层面缴纳所得税的，通过 ScheduleK-1 直接流转到股东的个人税表上然后缴税，所以这种公司类型没有像 C 类股份有限公司那样的双重纳税的问题。如果公司有亏损，那么这部分的亏损也将会流转到股东个人税表上用以抵扣股东其他的收入，这一点对于初创公司而言是很大的优点，因为这类公司初期阶段一般都是亏损的状态。

新的税务改革（TCJA）不但直接把 C 类股份有限公司的最高税率从35%降到了21%，而且为了让个人独资公司（Sole Proprietorship）、合伙企业（Partnership）和 S 类股份有限公司这些流转类型的公司保持在税收上的有利地位，在税务减免的条例中新增了 Section199A 20% Qualified Business Income Deduction 来确保除 C 类股份有限公司以外的其他企业形式仍能得到一定程度的税务福利和税务减免。简单来说，即作为 S 类股份有限公司或者其他流转类型公司，股东可以享有企业符合标准的收入（QBI）的 20% 作为扣除额，用来抵扣从公司流转下来的利润。基本上只要与企业运营相关的业务收入，都可算作"符合企业标准的收入"。以这个标准来看，投资收入，无论长短期，都不能算入符合标准的企业收入；同理，利息收入、股票分红等也都不能算。因此 199A 扣除额对于这些流转类型的企业来说是相当大幅度的税务减免。但同时，这项扣除额的计算以及订立的符合标准非常复杂，其复杂程度也取决于股东个人的整体收入，2019 年收入的分水岭是 160700 美元（若为夫妇则是 321400 美元）。简单地讲，如果股东的个人收入低于 160700 美元（若为夫妇则是 321400 美元），那么股东可以享有的 199A 扣除额就是 QBI 乘以 20%。收入一旦超过这个分水岭，199A 扣除额就会受到各种限制，计算也会变得极其复杂。

S 类股份有限公司的股东不属于自雇（Self-employment）

定义范畴，即从公司流转下来的利润股东不需要再缴纳自雇税（Self-employment Tax）。也正因如此，美国税法严格规定了S类股份有限公司必须支付股东合理且符合行业同一类型相似岗位的工资，公司支付工资时需要承担雇主的工资税（相当于自雇税的一半），而员工也需要支付相应的工资税（为自雇税的另一半，包括社会保险和医疗保险）。美国国内收入局（IRS）对S类股份有限公司这个领域极为关注，需谨慎行事以防可能的审查。

若S类股份有限公司想维持S的属性，公司必须要严格遵守S类股份有限公司的公司标准，包括股东人数控制在100人以下、不能转让股份给其他公司或外籍人士、不能拥有第二种股票形式等。一旦公司达不到以上任何一项标准，S的属性将会被视作自动取消。

S类股份有限公司最大的劣势在于其股票只能私人交易，不能进行IPO上市，因而极大地限制了公司的发展规模。同时因为S类股份有限公司不允许有外籍人士或公司作为股东，融资的渠道就会大打折扣，造成融资困难，从而限制了公司的发展。

（三）有限责任公司

有限责任公司可由一个或若干个自然人或法人共同所有。有限责任公司的所有者被称为"成员"（Members），成员根据投资比例持有法定权益（Interest），对公司债务承担不超过个人出资额的有限责任。有限责任公司以公司或成员个人名义报税，避免了"双重征税"，但不适合今后有公开上市计划的企业。有限责任公司通常在名称后加上字母缩写"LLC"为标记。

有限责任公司是一种混合式的企业结构，其合理设计使 LLC 公司兼具有限责任的特色以及税务上的有效性和经营上的灵活性。就像一般公司的股东一样，LLC 的成员都是受保护的，不必为企业债务和声明负个人责任。这意味着如果公司无法支付债权人到期债务，譬如应付供应商、贷款人、或房东等的债务，债权人在法律上不能要求 LLC 公司成员用其房子、汽车或其他个人财产以清偿或抵押。在纳税方面，又像 S 类股份有限公司或合伙公司一样，LLC 公司也是"流转实体"，LLC 公司营业收益将直接转嫁到 LLC 公司的成员，不用缴纳企业所得税。公司每年需申报所得税税表 Form 1065。对于许多小型企业来说，选择成立 LLC 公司，便是因为 LLC 相对简单并富有弹性。

有限责任公司一般是由多位成员组成的，而成员们通过签订一个经营协议作为框架经营公司。这种协议的方式使公司在管理上更具弹性。

有限责任公司的成员人数和国籍不限，所有外籍人士、留美 F1 学生、赴美 B1/B2 商务及旅游人士等都可以设立有限责任公司。

有限责任公司并不像股份有限公司需要定期召开股东大会并进行记录。因此其文书记录工作就少得多，公司在人力物力上的花费都可以得到节约。

美国许多州对于有限责任公司的股权转让都规定要取得其他成员的一致同意，这就不利于股权转让。当有限责任公司经营出现问题，而股权不可实现转让，这无疑会加重投资人的损失。

（四）普通合伙公司

普通合伙公司通常是指由两人或两人以上共同经营一项以盈利为目的的生意或业务的合伙关系。公司的所有人称为"合伙人"，合伙人可以是自然人、企业（任何一种公司类型）、非营利组织、信托或者遗产主体。所有合伙人共同出资或提供技术，共同分享公司的盈利和亏损的同时，也共同承担公司经营带来的风险。合伙制公司在税务上与 S 类股份有限公司很相似，也是"流转实体"，公司需要每年申报所得税税表 Form 1065，但是就像 S 类股份有限公司那样，公司的利润不需要在公司层面缴纳所得税，而是将利润按照合伙人协议（Partnership Agreement）分配给每位合伙人，然后流转到合伙人个人的税表上，通过合伙人个人去缴纳所得税。

依据参与公司经营方式及所要承担责任的不同，合伙人分为以下两种。

1. 普通合伙人

普通合伙人（General Partner）直接参与公司的日常运营，在公司决策上拥有相对于该合伙人所有权比例（Partnership

Interest）的投票权，对公司的经营负责。所以，投资人要想直接参与到合伙制公司的经营并拥有管理权，就必须是普通合伙人。但同时普通合伙人也要对公司的债务承担无限连带责任。基本上可以说，对公司的管理权直接与需要承担的责任以及风险成正比。

2. 有限合伙人

有限合伙人（Limited Partner）即所谓的财务投资人，这类合伙人一般只出资，但不参与管理和经营，或者虽然参与管理，但是不起决策控制作用，决策控制权仅由承担无限责任的普通合伙人行使。该合伙人可以享有依据所有权比例来分配的合伙制公司所带来的盈利和亏损，但是对于企业的债务只需承担有限的责任，也就是仅限于该合伙人投资到企业的资金额。

普通合伙是最简单的一种合伙制形式，合伙人要承担合伙企业的无限责任。合伙人之间承担连带责任，一个合伙人若承担了合伙企业的全部责任和债务，有权利向其他合伙人追索。

（五）有限合伙公司

有限合伙必须至少有一个普通合伙人和一个有限合伙人，一般需在州政府注册登记。有限合伙企业合伙人的缴税义务和普通合伙相同。普通合伙人负责对企业进行管理，也对合伙企业的债务承担无限责任。有限合伙人没有管理权，对企业也没有控制权，对于债务的承担也相应只限于其出资额。

（六）有限责任合伙公司

有限责任合伙是普通合伙的一种特殊形式，公司中所有的合伙人均享有有限责任，同时还享有企业的管理和经营权。也就是说这种合伙类型结合了普通合伙以及有限合伙各自的优点。有限责任合伙公司有权在法律、公共会计、工程及土地测量等专业领域执业，一般合伙人都需要有相关专业领域的执照。

（七）个人独资公司

个人独资公司基本上是以个人名义进行盈利的商业行为。这种模式不需要成立公司，从税务的角度讲，公司的利润最后是直接申报到个人的所得税税表 Form 1040 上进行纳税的。

同时，因为没有公司作为保护的躯壳，个人独资公司无法像股份有限公司或者有限责任公司那样对投资人起到个人资产以及公司债务风险有限责任的保护作用。

【注意事项】

对外国公司来说，在美国设立公司应尽量设立具有独立法人资格的附属公司（Subsidiary Corporation），而不设立分支机构或分部（Branch）。原因在于，分支机构将被视为海外总公司的一部分，美国税务局可能会要求其申报全球收入，总部还要为该分支机构的违法经营行为负责，而附属公司只需为其在美国本土产生的利润纳税，总公司也不承担其违法经营责任。

在美国注册公司对经营行业和项目限制较少，但从事金融、电信、能源、交通、基础设施等行业存在准入限制。一般来说，为便于将来扩大企业经营范围，注册公司时可注明其计划经营的业务，或笼统写"等一切合法的商务活动"。

一般情况下，注册公司时无须验资，也无资金限制。如公司在某州注册后，需跨州经营业务，则要获得其他州政府的许可。因此，在选择筹建公司的州时，应充分考虑当地公司法、税务、对公司活动的限制程度等因素。

5.2.2　注册公司程序

在美国申请注册公司的手续各州不同，一般包括6道程序：准备公司章程，包括公司名称、公司经营期限、认可股数和类别；签署和认证公司章程；将公司章程连同所需费用提交拟注册州；收到州务卿颁发的公司执照；等等。在注册公司的不同阶段，需要与各州不同政府部门打交道，一般至少涉及州务卿办公室、州税收和财政署、州劳动署等部门。下面以纽约州为例介绍注册公司程序。[①]

【注册程序】

（一）预留公司名称（为可选项）、提交公司章程

在美注册公司可选择任何符合法律规定的名称，包括集团、公司、大学、学院、研究院、协会、商店、工厂等，但该名称应未被其他公司注册。经登记注册后，公司即成为政

① 《在美设立公司基本程序简介》，中华人民共和国商务部网站，2015年1月9日，http://us.mofcom.gov.cn/article/ddfg/201501/20150100861377.shtml。

府批准的、合法登记的美国公司。

企业在注册公司前，可向纽约州州务卿或管理企业的政府部门申请预留公司名称（为可选项），提交预留公司名称申请（Application for Reservation of Name）。申请费为 20 美元，预留公司名称期限为 60 天，其后可延期 2 次共 60 天，每次延期费用也为 20 美元。①

企业设立者必须向纽约州州务卿或管理企业的政府部门递交公司章程，相关表格可在州务卿官方网站下载，也可在当地法律材料商店购买。申请处理时间约 2 周，需缴纳费用275 美元，其中 200 美元为申请费用（Filing Fee），75 美元为加急服务费（Expedited Service Fee）。如额外缴纳 150 美元可在 2 小时内完成审批，75 美元可在当天完成，25 美元则在24 小时内完成。企业成立获批后，将由州务卿发放资格证书（Certificate of Qualification）。

值得注意的是，由于拟注册企业所在行业不同，往往还需要申请符合美国联邦、地方州政府规定的许可（Permit），如环境保护、建筑施工、农产品加工检验检疫等。由于各州、各行业要求迥异，难以一一列举，建议洽询州和当地政府商务主管部门或咨询专业律师意见。

（二）申请雇主识别号码

为便于税收征缴和识别雇主，企业账户的拥有者需申请雇

---

① 《美国纽约州有限责任公司注册指引》，启源网，https://kaizencpa.com/chs/Knowledge/info/id/584.html。

主识别号码（Employer Identification Number，EIN）。此申请免费。申请人可登录美国国内收入局（Internal Revenue Service，IRS）网站获取 SS-4 表格，也可电话申请并从 IRS 网站下载表格填写。

根据反馈方式不同，处理 SS-4 表格所需时间也不一样。互联网在线或电话申请（1-800-829-4933）可获得即时办理；传真需要 4 个工作日；而邮寄则需 4 周时间办理。

（三）注册州销售税

凡销售"有形个人财产（货物）及其他特定产品和特定服务"的公司，必须在纽约州开业经营之前至少 20 天，登录纽约州税务和财政厅网站（New York State Department of Taxation and Finance）选择在线注册州销售税（Register to Collect State Sales Tax），或递交 DTF-17 表格。此手续免费。

在向州劳动厅进行雇主登记（Register as an Employer with the Unemployment Insurance Division of the State Department of Labor）前，企业设立者必须向纽约州劳动厅（New York State Department of Labor）提交 NYS-100 表格，劳动厅将审核该公司是否符合纽约州失业保险法规定。如合规，州劳动厅将按季度向该公司发送预扣所得税、申报工资等材料。

公司雇主可登录纽约州劳动厅网站在线注册，或填写并邮寄 NYS-100 表格。在进行劳动厅雇主登记之前，该公司必须完成第二个步骤，即在美联邦税务局获取联邦雇主识别号码。此项登记免费。

（四）安排职工赔偿保险

作为雇主，公司设立者必须在法定私人保险公司等为职工购买雇员赔偿保险以及伤残保险（Workers' Compensation Insurance and Disability Insurance）。公司的联邦雇主识别号（EIN）是劳工赔偿委员会沟通的主要依据。在为雇员办理赔偿或伤残保险时，公司必须将 EIN 号码递交给承保单位。此项手续免费。

（五）公告并提交公告证明

新建的有限责任公司（LLC）必须在成立后 120 天内发布两次公告（Publication），宣布公司成立事宜。为此，新公司应向纽约州州务卿办公室公司处提交两份公告书面陈述和一份公告证明书。有限责任公司发布公告证明书费用为 50 美元，公告费用各县（市、郡）不同，一般为 350~1500 美元。

5.2.3 聘请律师或专业咨询公司帮助设立企业

美国各州政府对于外国投资者在本地新设企业的法律法规各不相同，因此对于缺乏在美运营经验的外国投资者，很多州负责投资事务的政府部门会建议他们在新设企业时聘请当地专业律师。

在美国注册公司程序透明，除非专业人士，很难掌握全部相关法律。各州立法繁多，在环境、劳工、税收等各个领域，各州都制定了相应法律法规，一旦违反规定，就可能面临罚款、禁止设立等处罚。因此，在设立公司之前，通过聘请会计师、公司事务律师等方式寻求专业咨询和帮助，将有助于企业顺利注册和尽早开始运营。

5.2.4　如何联系美国各州政府负责投资事务的部门

如前文所述，美国各州有关公司注册、税务、运营的法律法规不同，建议中国企业在具体办理企业注册、投资咨询过程中，与当地政府负责投资事务及商务主管部门保持密切沟通，并充分利用当地政府官方网站资源，提前了解有关信息，早做准备。

5.3　美国有关劳工政策及企业用工法规

美国劳工部（United States Department of Labor）是美国联邦政府行政部门之一，主管全国劳工事务，主要职责是负责全国就业、工资、福利、劳工条件和就业培训等工作。主要机构有人力管理署、劳资关系署和工资、劳工标准署等多个机构，下设妇女管理局、工资和工作时间处、劳工标准局、雇工补偿局、联邦合同服从局和劳工统计局。

5.3.1　劳动雇佣法律体系

图 5-2 描述了美国劳动相关法律。工资立法包括公平劳动

标准、州低工资标准、通行工资；劳动保障立法包括社会保障立法、失业保险立法、工伤补偿立法、退休收入保障立法；还有公平就业机会和肯定行为的规则、关于集体谈判的法规；其他法律条款，包括同工同酬法律和法规、就业年龄歧视立法、性骚扰立法、特殊人物保护法案。

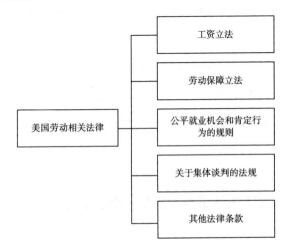

图5-2　美国劳动相关法律

【《公平劳动标准法案》规定】

除了"白领雇员"（企业高层执行官、行政管理人员、专业人员、外勤销售员）、实习生、见习生和残疾员工以外，雇员的工资不得低于联邦、州政府规定的最低工资标准。

——美国政府和企业均是每周5天工作制，通常周六、日休息。

——一周标准工作时间为 40 小时，不可将两个及以上星期的工作时间平均计算。

——员工完成雇主要求的工作、因工作需要等待的时间、工作期间短时间休息、24 小时内的值班时间（即便可以睡觉或做私事），均计为工作时间。

——一周工作超过 40 小时的计为加班；加班无性质分类，一天或一周无加班小时上限规定。

——加班必须以工资形式进行补偿。加班工资一律按正常工资的 150% 标准计算。

——"白领雇员"（企业高层执行官、行政管理人员、专业人员、外勤销售员）"豁免"于加班工资的规定。

【《家庭和医疗休假法》规定】

1993 年出台的《家庭和医疗休假法》中对符合资格的雇员提供 12 周无薪事假或病假。2020 年 7 月 16 日，美国劳工部宣布了关于《家庭和医疗休假法》（FMLA）的信息请求（RFI）。该 RFI 征求有关使用或管理 FMLA 休假的任何具体挑战或最佳实践的反馈。

在 RFI 中，该部门提出了广泛的意见征询问题，这些问题涉及严重健康状况的定义，间歇性 FMLA 休假的使用，员工在寻求 FMLA 休假时的通知以及雇主要求的对员工严重健康状况的证明，以帮助制定应对措施。RFI 还简要概述了最近发布的与 FMLA 有关的 7 封意见书，并通过监管程序就这些信件中包含的任何解释提供额外指导是否有帮助征求意见。

（一）符合资格的员工

1. 已为雇主工作共 12 个月

2. 在过去的 12 个月里工作满 1250 个小时

3. 工作地点在美国

（二）可请假的事由或原因

1. 新生婴儿的出生和护理

2. 需要放置、收养、寄养子女

3. 需要照顾有严重健康状况的配偶、子女或父母

4. 本人有严重健康状况无法工作

5. 因现役父母、配偶、子女有紧急情况

（三）员工权利

1. 共有 12 周的无薪假

2. 休假期间继续缴纳健康保险

3. 休假结束返回公司，继续从事原有条件不变的工作，不会被解聘

（四）员工义务

1. 提前 30 天通知雇主休假

2. 说明休假原因并提供依据

5.3.2　负责劳动争议的机构

【国家劳动关系委员会】

国家劳动关系委员会（National Labor Relations Board,

NLRB）作为具有准司法性质的独立联邦机构，主要负责与工会相关的事务。

【联邦仲裁调解局】

联邦仲裁调解局（Federal Mediation and Conciliation Service, FMCS）是美国政府的独立机构，不属于美国劳工部，履行职责是完全中立和独立的。主要负责集体谈判争议的调解、仲裁和就业争议的调解工作。

联邦仲裁调解局根据1947年通过的《塔夫脱—哈特莱法》（Taft-Hartley Act）而成立。

【平等就业机会委员会】

平等就业机会委员会负责处理各类员工与企业因种族、性别、年龄等歧视问题而发生的劳资纠纷。

上述三个政府部门在处理劳动争议方面，各自发挥着不同的作用。

5.3.3　引进劳务的主要政策规定

根据美国《移民和国籍法》（Immigration and Nationality Act）规定，美国政府依据外籍工人是否申请在美永久工作相应制定了两套准入制度，分别核发永久和短期工作许可。

【永久工作许可】

永久工作许可申请分 EB1—5，共 5 类，主要面向在本领域表现极为杰出的新闻工作者、运动员、教授、科研专家、外国公司高管、高学历专才、赴美投资者等。美国移民局对各类申请者条件均做出了具体规定。

【短期工作许可】

（一）主管部门

美国劳工部及其派驻各州机构审核雇主雇用非移民类临时性外籍劳务人员（以下简称"外籍劳务"）的申请条件；美国移民局决定是否批准雇用外籍劳务；美国驻外使领馆对拟赴美国从事劳务的外国公民进行面试，决定是否发放相应类别签证；美国国土安全部海关与边境保护局核准外籍劳务入境申请，定期发布"非移民入境统计报告"。

（二）具体分类

临时外籍劳务共分 21 类。目前，中国公民有资格申请其中 13 类，具体包括：专业人才（H-1B）、医疗及学术之外的培训生项目（H-3）、外国媒体（I）、外国公司管理人员（L-1A）、外国公司专业技术人员（L1-B）、科技等特定领域杰出人士（O-1）、O-1 类别助手（O-2）、国际知名运动员（P-1A）、国际知名艺人及团体（P-1B）、文化交流项下的演艺个人及团体（P-2）等。近年，中国公民赴美劳务和就业主要集中在 H-1B、L-1A 和 L-1B 类；在美中资企业中方员工多为 L-1A/B 类。中国公民无法在美国农业、非农行业从事临时劳务工作。

5.3.4 中国公民申请赴美临时劳务许可主要类别、流程

【专业人才（H-1B）】

（一）申请条件

H-1B 职位必须为工作性质复杂的专业岗位（如科研、工

程、计算机编程等）；受聘者至少拥有美国本科及以上学历或其他国家同等学历。其中，H-1B2 职位必须与美国防部合作科研、生产项目相关；H-1B3 许可专门面向能力出众的时装模特。

（二）申请额度

移民局每财年最多可发放 65000 个 H-1B 工作许可。本财年额度如有剩余，则自动顺延至下一财年。

（三）申请流程

1. 由美国雇主（非个人）代表外籍劳务向美国政府提出申请

雇主填写"劳动条件申请"（Labor Condition Application，LCA）表格，通过美国劳工部专门网站在线提交。在 LCA 中，雇主应确定拟聘外籍劳务岗位的平均行业工资，并承诺：为外籍劳务提供不低于从事同工种美国员工的薪资水平、工作条件等；不得在本公司员工罢工及谈判期间雇用外籍劳务；在递交 LCA 一个工作日后，雇主在本公司主要经营场所、公告牌、网站等张贴 LCA 内容，解释雇用外籍劳工原因（如岗位需特殊技能或当地美国工人不愿从事相关工作等），听取本公司雇员和公众意见。

2. 劳工部门将就雇用外籍劳务是否会给同工种美国工人带来负面影响等进行评估

如提交材料齐全，劳工部门一般在 7 个工作日内决定是否批准申请。雇主持 LCA 批件，连同填写完整的 I-129 表格（由美国国土安全部和移民局制定）交至美国移民局。同时，雇主需备齐整套申请文件，供劳工部门复查之用。

3. 移民局决定是否向雇主发放用工授权许可

（四）居住时限及其他

以 H-1B 身份来美国的外籍劳务至少可获 3 年居住期，期满后可申请延期，但总时限最长不超过 6 年。居住期限内，雇主单方面提出终止聘用的，雇主将承担外籍劳工返程交通费用；外籍劳工主动离职的，交通费用由雇员自理。

【外国公司在美分支机构管理人员（L-1A）及专业技术人员（L-1B）】

（一）申请条件

一类雇主是在美国已设立分公司或办事处等实体（统称"分支机构"）的外国公司。该外国公司应与在美分支机构存在隶属关系（如全资或控股等），在美分支机构连续经营 1 年以上。受聘者在过去 3 年内至少为该公司工作满 1 年，拟由其他国家调往美国分支机构担任管理人员（如负责人、行政主管、部门经理等，适用 L-1A 类别），或从事需具备特殊技能的专业岗位（适用 L-1B 类别）。

另一类雇主是拟在美国新设分支机构的外国公司，该外国公司在美国已租用或购置经营场所，并证明本公司有充裕资金用于在美拓展业务、支付员工薪资。

1. L-1A 类别签证

L-1A 签证是为跨国公司将公司内部的高级经理及高管人员派遣到美国的分公司、子公司、母公司或者关联公司工作而设计的。L-1A 签证受益人必须在公司为其提交申请的前 3 年内至少连续为该跨国公司在美国境外的公司工作 1 年。另外，L-1A 允许尚未建立美国办公室的跨国公司将高管人员派到美国进行美国公司办公室的筹建。对于新公司，首次 L-1A 签证的有效期通常为 1 年，对于现存公司（成立并运营超过 1 年），首次 L-1A 签证的有效期通常为 3 年，有效期到后如需要申请延期，单次延期的时间不得超过 2 年。L-1A 签证的最长有效期限是 7 年。

2. L-1B 类别签证

L-1B 签证是为跨国公司将具有专业知识的人员派遣到美国工作而设计的。比方说，如果某公司内部有一名员工非常了解公司产品，并掌握了产品的专有知识，为了向美国的新员工传授关于产品的专有知识，公司打算将该员工派遣到美国，那么就可以为其申请 L-1B 签证。同 L-1A 签证一样，L-1B 签证允许尚未建立美国办公室的跨国公司将专业技术人才送至美国，帮助美国公司办公室的筹建。通常 L-1B 的首次有效期为 3 年，到期后可申请延期一次，延期的时间不超过 2 年。L-1B 签证的最长效期限是 5 年。

无论是 L-1A 还是 L-1B，在 L-1 签证申请中，外籍员工即将前往工作的美国公司与其之前工作的境外公司之间必须为合格的相联公司关系，如母子公司关系等。

3. L-1 跨国公司集体调职签证

对于那些经常使用 L-1 签证进行员工外派的大型跨国公

司，移民局为其建立了一种特殊的签证申请程序，即 L-1 集体调职签证申请程序（L-1 Blanket Petition）。在这种申请程序下，满足移民局条件的大型跨国公司可以通过一次申请将一定数量的经理级高管和拥有专业知识的技术人员派遣到美国的公司工作，这样更加快捷高效，节省时间。

（二）申请额度

虽无具体人数限制，但申请难易程度常与外国公司自身及其在美国分支机构的经营业绩、财务状况等挂钩，经营状态佳、在美国持续经营能力强，获批可能性就大。

（三）申请流程

1. 雇主代表外籍劳务向移民局提交 I-129 表格

2. 移民局决定是否向雇主发放用工授权许可

（四）居住时限

在美国已有分支机构的外国公司雇用外籍劳务，其首次入境最长居住 3 年。在美国新设分支机构的外国公司雇用外籍劳务，其首次入境最长居住 1 年。期满后，二者均可申请 1 次延期，最长再居住 2 年。

5.3.5 赴美工作签证及入境管理规定

【签证】

美国雇主取得移民局许可后，外籍劳务联系美国驻外使领馆预约面试，签证官决定是否发放签证（享受入境豁免美国签证的国家公民不在此列）。

有关中国公民申请赴美签证具体流程及事宜，请向美国驻中国大使馆、总领事馆咨询。

【入境许可】

所有外籍劳务均需向美国国土安全部海关与边境保护局申请入境许可，在完成全部手续后，外籍劳务即可赴美国工作，但必须服务于特定雇主。一旦更换雇主，应重新履行全套申请手续。

5.4 在美上市流程及相关信息

随着中国经济不断发展，越来越多的中国企业开始进入美国股市。根据纽约证券交易所网站及其北京代表处提供的材料，从企业性质看，以中小型民营企业为主，大型国有企业相对较少；从行业分类看，在纽交所、纳斯达克股票市场上市的中国企业多集中在服务业、高科技、能源等行业。近几年，还出现了较多消费类、医药用品类公司。

5.4.1 赴美上市的方式

【赴美上市的主要途径和方式】

（一）首次公开发行

首次公开发行（Initial Public Offering，IPO）即根据美国证券法规定，经向美国证券交易委员会注册后进行的公开融资和上市。

（二）反向兼并

反向兼并（Reverse Takeover，RTO）俗称"借壳上市"，是一种简化快捷的上市方式，是指一家私人公司通过与一家几乎没有实际经营业务的上市公司合并，该私人公司反向并入该上市公司，该上市公司成为一个全新的实体。反向兼并包括 Form-10 交易和 Re-IPO。

【不同途径和方式适用不同类型的企业】

（一）首次公开发行

IPO 是传统融资上市方式，需严格按照美国证券法、交易所规则履行申请、注册、招股和上市的一系列程序。IPO 上市过程通常由行业声誉较好、质量较高的团队协助。

（二）反向兼并

反向兼并主要优势在于上市成本较低，手续较少。此外，反向兼并不但可以使用现金，也可以使用换股方式，对于资金短缺的企业来说也是一大优势。

【不同上市途径的主要法律和政策依据】

美国上市的基本理念以信息披露为基础（Disclose-based System），在信息充分披露的情况下，投资者自行承担投资决策风险，因而在法规层面对拟上市企业的要求和条件相对较少。

美国上市的相关法律主要包括《1933 年证券法》《1934 年证券交易法》以及美国证券交易委员会的有关监管规则。《1933 年证券法》和《1934 年证券交易法》从宏观层面对证券发行、交易等一系列事项做出规定，监管规则是对上述证券法律在具体操作中的监管规则和指引。

经申请、注册等一系列程序的IPO方式是常规意义的"正向"上市方式；反向兼并上市方式是满足美国公司法律和证券法律规定的一种结构重组和资本运作方式，也广为美国资本市场和监管机构接受，但相关操作均需满足美国证券法律关于公司发行上市、公司治理和信息披露等规定。

5.4.2　对赴美上市外国企业的要求

下列条件为美国证券交易市场对非美国公司在各板块上市的最低要求，具体请以美国证券交易市场的答复为准。

【纽约证交所】

首次上市的要求主要体现两个方面。

（一）股票发行及规模

美国整股股东（Round-lots Holders）（持股100股及以上）超过400人；公众持股数量大于110万股。关于公众持股的市值金额，以IPO或分拆上市的应大于4000万美元，以其他形式上市的应超过1亿美元。

（二）公司财务状况

纽约证交所要求首次上市公司在财务状况（Financial Criteria）方面要达到以下三个标准之一。

1.利润指标

过去3年税前净利润总和不少于1000万美元，近2年中的任何一年不少于 200 万美元；第 3 年必须为实现盈利，或过去 3 年税前净利润总和不少于 1200 万美元，最近一年不少于 500 万美元，下一年度不少于 200 万美元。

2. 市值标准

全球市场总值至少 7.5 亿美元，最近一个会计年度总收入至少为 7500 万美元。或者，按照市值加现金流标准，全球市场总值至少 5 亿美元，最近 12 个月总收入至少 1 亿美元；经调整的现金流，前 3 年总和大于 2500 万美元，且每年为正值。

3. 关联公司上市（适用于已在纽约证交所上市公司的关联公司）

全球市场总值至少 5 亿美元，公众持股部分市值大于 6000 万美元，公司经营时间超过 12 个月。

4. 资产加股票

在 IPO 之后，全球市场总值超过 1.5 亿美元，总资产超过 7500 万美元，股东权益大于 5000 万美元；股价不低于每股 4 美元。

【纳斯达克股票交易市场】

企业想在纳斯达克（NASDAQ）上市，只要符合以下的三个条件及一个原则，就可以向美国的 SEC 及 NASD 申请挂牌。

（一）先决条件

经营生化、生技、医药、科技（硬件、软件、半导体、网络及通信设备）、加盟、制造及零售连锁服务等公司，经济活跃期满一年以上，且具有高成长性、高发展潜力者。

（二）消极条件

有形资产净值在 500 万美元以上，或最近 1 年税前净利在 75 万美元以上，或最近 3 年其中 2 年税前收入在 75 万美元以上，或公司资本市值（Market Capitalization）在 5000 万美元以上。

（三）积极条件

SEC 及 NASD 审查通过后，需有 300 人以上的公众持股（Non-IPO 得在国外设立控股公司，原始股东需超过 300 人）才能挂牌，依美国证券交易委员会手册（SEC Manual）指出，公众持股人之持有股数需要在整股以上，而美国的整股即为基本流通单位 100 股。

（四）诚信原则

纳斯达克流行一句俚语："Any company can be listed, but time will tell."（任何公司都能上市，但时间会证明一切）。意思是说，只要申请的公司秉持诚信原则，挂牌上市是迟早的事，但时间与诚信将会决定一切。

5.4.3 赴美 IPO 主要程序

投资者的公司在美国上市需要经历前期准备阶段和上市后的审查等程序，投资者的所有行动也需在法律框架内进行。

【组建上市顾问团队】

在美国证券市场上市，需要一个高效的上市顾问团队协同运作。除了公司本身需投入大量时间、精力、财力外，还需组建一个包括投资银行、承销商、法律顾问、会计师在内的上市顾问团队。

投资银行将牵头领导整个交易和承销过程。公司应充分了解该投资银行是否具有曾协助过该行业其他公司在美国上市的经验以及销售能力。

法律顾问必须具有美国的执业资格。同样，公司应考虑其是否有证券业务方面的丰富经验。

会计师事务所将根据美国一般会计准则（GAAP）独立审查公司的财务状况，同时该所也应对中国会计准则有全面的了解。

【尽职调查】

公司在上市顾问团队协助下，对公司管理、运营、财务、法律等方面进行全方位、深入的尽职调查。尽职调查将为公司起草注册说明书、招股书、路演促销等奠定基础。

为更好把握和了解发行公司的经营业务状况，以便起草精确和有吸引力的招股书，主承销商、主承销商的法律顾问以及发行公司的法律顾问将对发行公司财产、有关合同协议做广泛的审查，包括全部贷款协议、重要合同以及政府许可等。他们还将与公司高级管理人员、财务人员和审计人员等进行讨论。同时，主承销商往往要求公司法律顾问、会计师提供有关在注册说明书中列明事件的意见。

承销协议书将约定由公司法律顾问出具有关公司的合法成立及运营、发行证券的有效性以及其他法律事件的法律意见。承销协议还将要求公司法律顾问出具关于注册说明书是否充分披露的意见。最后，发行公司还需要提交一封"安慰信函"（Comfort Letter），即由独立的注册会计师确认注册说明书中的各种财务数据无虚假或误导信息的证照函。

【注册、审批】

根据美国证券法要求，证券在公开发行之前必须向美国证券交易委员会注册登记，并且向大众投资人提供一份详尽的招股书。注册、审批是上市的核心阶段。公司、公司选任的法律顾问和独立审计师将共同准备注册说明书的初稿，因此法律顾问的能力和经验在此阶段会得到充分发挥。注册说明书应包括两个部分：第一部分包括招股书，第二部分包括补充信息、签字和附件。

招股书必须符合美国证券交易委员会的要求，必须真实地披露相关表格要求的信息。通常，对境外公司的披露要求与美国本土公司是一致的，包括公司过去 5 年的业务、风险因素、财务状况、管理层的薪酬和持股、主要股东、关联交易、资金用途和财务审计报告等。

【路演】

按照美国证券法及惯例，股票注册说明书提交以后，发行公司和承销商就可以开始发出股票出售的要约，即发布初步招股说明书和做路演。所谓路演，是指承销商（投资银行）和发行公司进行一系列宣传活动，与潜在投资者、分析师、基金管理人讨论股票发行状况和前景。路演一般要持续 2~3 周，通过在各地做巡回报告来完成。

发行公司、承销商通常选择在美国主要城市和金融中心，如纽约、旧金山、波士顿、芝加哥以及外国金融中心等地进行推介，向潜在投资者介绍并回答问题，以吸引投资者兴趣。承销商和发行公司的律师会准备一份简要介绍以及模拟问题和答案。路演结束后，承销商和发行公司会对可能的发行数量、价格做到心中有数，对发行的受欢迎程度也会有更多认识。在注册说明书宣布有效后，承销商和发行公司确定最后发行定价。同时，承销商与分销商分配发行数量。发放给机构投资者的股票一般会在定价后 3 天内完成交易，接下来就是公开上市交易。至此，完成整个公开发行程序。

5.4.4　IPO 涉及的地方法律问题

拟赴美上市公司在上市阶段以及上市后，其招股书、财务运营报告等各项信息披露必须真实、透明、及时，否则将面临美国证券监管部门调查，或来自投资者的法律诉讼，导致本公司信誉、在美上市资格等受到严重影响。股票的首次公开发行除了要遵守联邦证券法外，还需注意符合州证券法的规定。

【IPO 的相关费用】

IPO 费用一般包括律师费用、保荐人费用、中介费用、公开发行说明书费用以及承销商的佣金。在美国，IPO 费用一般为 100 万 ~150 万美元，同时也要支付 8%~12% 的筹资佣金。在美国 NASDAQ 直接上市的成本也较高，IPO 费用一般在

2000 万元人民币左右，占筹资额的 10% 以上。

5.5　美国上市公司财务报告的要求

5.5.1　主要监管机构

【美国证券交易委员会】

美国证券交易委员会（United States Securities and Exchange Commission，SEC）成立于 20 世纪 30 年代。根据《1934 年证券交易法》设立的美国证券交易委员会，经国会授权成为执行这些法律的独立机构，其执法目标是保护投资者，维护公平、有秩序、高效率的证券市场。

【美国公众公司会计监督委员会】

美国公众公司会计监督委员会（Public Company Accounting Oversight Board，PCAOB）是一家私营的非营利机构，目的是监督公众公司的审计师，编制信息量大、公允和独立的审计报告，以保护投资者利益并增进公众利益。

美国证券交易委员会对 PCAOB 进行监管，包括委员会所制定的规则的认定、标准和预算。《萨班斯法案》为 PCAOB 提供活动资金，主要是对上市公司按照公司市场资本份额收取的年费。

SEC 在征求联邦储备委员会主席和财政部部长意见后，负责指定 PCAOB 的成员。SEC 在 2002 年 10 月 25 日指定了第一批成员。成员有 5 人，其中 2 人为注册会计师，成员都是全职工作，其薪酬标准对照美国财务会计准则委员会（FASB）的成员薪酬。

PCAOB 总部在华盛顿，此外在亚特兰大，芝加哥、达拉斯、纽约、丹佛、北弗吉尼亚、奥兰多、旧金山有办公室。

（一）注册依据和规则

美国根据 2002 年《萨班斯－奥克斯利法案》的规定，设立了独立的非政府监管机构——公众公司会计监督委员会（PCAOB），会计师事务所只有在 PCAOB 注册登记后，才可以参与对美国上市公司的审计业务。由此，该法案的规范对象涉及与美国上市公司审计业务相关的外国会计师事务所，即任何为美国上市公司提供审计报告的外国会计师事务所，均须遵循该法案以及 PCAOB 和美国证券交易委员会（SEC）据此颁布的其他法规的规定，且在方式和程度上应等同于美国国内的会计师事务所。PCAOB 的规则还提出，对虽未向美国上市公司提供审计服务，但在审计过程中发挥实质性作用的外国会计师事务所，PCAOB 也可以要求其在 PCAOB 注册，并对其进行监督。

按照 PCAOB 的相关规定，事务所申请注册，可以在 PCAOB 网站上直接下载注册申请表，按照要求进行填写，提交相应的证明材料以及缴纳相应的注册费用。申报材料包括：事务所上一年度的客户名称，本年度的预期客户名称；事务所向每一个客户提供审计服务、其他会计服务和非审计服务分别收取的年度费用；事务所对其会计和审计业务的质量控制政策的说明；事务所的执业会计师名单；对事务所或其人员任何相关的刑事、民事或行政处罚或处分的信息。

（二）监管规则

依据 PCAOB 的有关规定，在 PCAOB 注册的所有会计师事务所，包括外国会计师事务所在内，均应接受 PCAOB 的监督和检查，对每年上市客户超过 100 家的大型事务所的检查为每年一次，对每年上市客户不超过 100 家的小型事务所的检查为每 3 年一次。检查的内容主要包括：事务所以及事务所成员签订的审计和复核协议；事务所质量控制制度是否健全，事务所的档案记录是否完整；有关事务所审计、监管以及质量控制制度的其他测试。对于违反规定的情形，PCAOB 可以组织听证，给予事务所一定自我纠正的时间，并可以视情况给予撤销事务所注册或禁止事务所成员从事公众公司审计业务的处罚。此外，PCAOB 的其他处罚权限还包括罚款等。

5.5.2 上市公司财务报告申报要求及程序

【初次披露】

主要由《1933 年证券法》对其进行规制，规定发行证券前必须向证券委员会提交登记文件，包括招股说明书和部分在招股说明书中没有涉及的信息。除招股说明书外，登记文件一般还需要说明资金的使用情况、管理人员的持股情况、报酬及其他收益等。

【持续披露】

持续披露包括定期报告和临时报告两种，定期报告又分年度报告、季度报告、期中报告三种。

（一）年度报告

由四个主要部分组成：公司一般情况介绍，包括发展目标和经营管理情况等；财务状况；董事、高管人员的薪酬及持股情况；附件、财务报告及审计报告。

（二）季度报告

主要由两部分组成，其中第二部分并不强制要求向公众披露。第一部分包括：①财务报表（损益表、资产负债表、现金流量表）；②数据分析（特别是针对重大变化的）；③资本情况及其变化；④股东权益及其变化。第二部分包括：①与公司有关的诉讼案；②股本结构变化；③所注册登记的证券变动；④流通股或债务的增加或减少；⑤提交股东大会审议的事项；⑥本季度 8-K 表概要及有关情况；⑦其他实质性的重要事件；等等。

（三）期中报告

根据 SEC 或其他监管机构的要求提供，主要包括经营和财务相关状况。

（四）临时报告

通常情况下，上市公司必须快速通过媒体向公众披露有理由认为会影响其证券价值或投资者决策的任何重要消息，还必须在通过媒体向公众披露之前将此重要信息通知 NASDAQ。[1]

---

① 《美国NASDAQ市场信息披露制度》，中国民商法律网，2007年1月23日，http://old.civillaw.com.cn/Article/default.asp?id=30648。

5.5.3 上市公司会计年报构成及披露

【年报主要构成】

（一）致全体股东的信件

在会计年报的首页，通常情况下是一封来自公司的董事长或 CEO 并附有签名的本年度信件，主要内容涉及全体股东关注的上一年度公司发生的主要事项及战略（规划），包括重大的资本投入、市场的扩展、销售业绩的完成情况、下一年度的工作重点及前景预测等。

（二）上一年度财务亮点

通过对该公司几年来的销售收入、利润及主要财务数据增减率的比较，使年报的利益相关人能够做出相应的分析与决策，可以使用图表或文字等形式。

（三）公司的描述

包括公司的创立、发展、目前生产产品及管理状况等。通过对这部分资料的阐述，报表利益相关者会获得投资的相关信息，并通过自身分析来判断公司的投资前景。因此，投资者不能忽视该部分内容的重要性。

（四）管理层讨论与分析

主要针对资产负债表、利润表、现金流量表的阐述，说明公司过去一年度的收支、经营及现金流情况；通过与以前年度的数据比较，分析其差异原因，并公示细节，确保公司年报的公开透明性。

（五）管理层的责任承诺书

美国上市公司的年报必须涵盖来自公司高层的责任承诺书，内容包括两方面：管理层人员对年报编制的真实性与内部控制的有效性承担责任；必须是经过外部审计师独立审计后的会计年报。

（六）受聘会计师事务所的责任申明

受聘审计业务的会计师事务所需要对该公司年报与内部控制结论的公允性出具责任声明书。

（七）比较性财务报表

需要列示出公司几年来的资产负债表、利润表、现金流量表及股东权益表等基本报表。

（八）财务报表附注

对上市公司和报表使用人而言，报表附注的内容应包括公司的经营业务、报表适用年度一些基本的列报及重要的会计政策、年度内发生的重大事项、未来的事项判断等方面的披露。

【年报的持续披露比较】

年度报告是上市公司必须在每个会计年度结束后规定的期间内向相关监管部门报送的资料。财务报表强调会计信息的公开、公平与充分原则，是报表使用者进行投资决策的主要依据与来源。下面是上市公司需要持续披露的年报信息。

（一）披露的主体

根据 1964 年美国《证券交易法》修正案中第 12 条（b）

项规定：在证券交易所上市的证券发行公司，在营业年度终了时，其资产总额在 100 万美元以上、股东人数为 500 人以上的公司，应当在营业年度终了后 90 日内，将年度报告书提交美国证券交易委员会并向社会公开。

（二）披露的内容

根据美国证券交易委员会规则第 14 条 a_31b 的规定，年度报告书的内容主要包括：最近 2 个营业年度的资产负债表和最近 3 个营业年度的损益表（如第一部分中第七点），过去 5 年内的纯销售额与营业收入额，每股收益及其总收益等财务报表信息和非财务报表信息。

（三）披露的格式与形式

美国上市公司年度报告有多种格式：一类用于美国本土公司的 10-K 系列，针对一般发行人而言，即常见的 10-K 形式，也是中国公司在美国境内的借壳上市公司应采用的年报格式；另一类用于外国公司的 20-F 格式，如中国本土公司在美国证券市场上市，需要按照持续披露采用的格式，向美方证券市场报送年报相关资料。

（四）披露的时间范围

需要说明的是，美国公司的会计年度没有固定统一的规定，政府只是公布了指导性的年度范围：从上一年度的 10 月起至下一年度的 9 月底。实务中企业可以根据自身行业的特点与经营状况机动选择会计年度，原则上是一年。

5.6　其他注意事项

5.6.1　非上市公司财务报告的要求

美国非上市公司要求披露的财务信息一般受到该公司成立所在州的法律约束。各州法律的具体内容各不相同，但要求披露的信息内容通常非常相似。

美国公司必须向选择成立的所在州提交注册文件。注册文件由公司的"章程"（称为公司注册证书或公司章程）或其他实体的组成文件或有限合伙证书组成。组成文件包括基本信息，章程还必须包含公司宗旨，该宗旨可以包括"任何合法经营行为或活动"的范围，以及该实体将被授权发行的股份总数。还有可能需要包括其他规定。该章程实际上并不是要提供业务或财务信息的披露，而是股东与公司之间的合同，只有在获得股东批准的情况下才能进行修改。美国公司的章程与规章分开，规章包含更详细的治理规则，非上市公司无须披露这些章程。

公司成立以后，除了向州递交已提交文件的修订内容外，公司无须提供其他信息。此外，根据所在州的法律发生的特殊事件，例如并购、转换为不同形式的实体或解散和清算，都需要向注册州提交备案以使该特殊事件在该州法律框架内生效。

此外，尽管有些州要求在成立公司时由私人公司任命其初始董事，但之后并不需要更新此信息，同样也不需要为了与第三方机构打交道而披露授权代表。非上市公司没有义务公开其账目或其他财务信息。

5.6.2　上市公司信息披露制度的变迁

【支持硬性信息，禁止软性信息披露阶段】

在各州"蓝天法"的基础上，美国国会于 1933 年通过了《证券法》，1934 年通过了《证券交易法》，并成立了美国联邦证券交易委员会（SEC）。《证券法》和《证券交易法》对信息披露做了明确的立法规定，前者对信息的初次披露进行规定，后者对持续信息披露进行规定。而根据《证券交易法》成立的 SEC 的主旨是保护投资者利益，主要职责之一就是保证公众公司与证券相关的信息得到充分和完整的披露。这两个法律的颁布实施和 SEC 的成立，标志着证券市场信息披露法律制度的初步形成。

【软性信息披露及其综合信息披露体系的建立阶段】

信息披露制度发展到支持软信息披露阶段，从严密性来看已趋于完善，但是越严密、越严格的信息披露制度，其信息披露成本越高。政府监管当局推动信息披露制度变迁的出发点是投资者利益导向，但忽略了发行人的信息成本。

1980 年，在经过充分的论证后，SEC 颁布了 10-K 表格，采纳修正后的年度报告，并制定规则《S-X》，涵盖各财务报表的格式和内容，形成信息披露的综合披露（Integrated Disclosure）模式。1982 年 SEC 进一步通过了《规则 415》，建立了"框架注册"（Shelf Registration）制度，这改变了过去不论时间间隔长短发行证券必须申报注册的做法，确定披露文件可供两年内证券发行使用，有利于发行人根据资金需求情况和承销商根据市场状况灵活选择最佳发行时间。

"综合披露"和"框架注册"制度的出台意味着信息披露制度理念由投资者利益导向转向注重投资者利益并兼顾发行人利益的导向。

【信息披露的网络化及《萨班斯－奥克斯利法案》的影响】

2000 年 8 月，针对选择性披露问题，SEC 确立了信息的公平披露规则，该规则旨在使投资者能够公平地获得任何未公开的重大信息。

2002 年 7 月 30 日，美国总统布什正式签署了《萨班斯－奥克斯利法案》，该法案直接以投资者利益保护和提高公司透明度为根本立法思想。首先强调信息披露，由原来《证券法》《证券交易法》下的"及时"提高到"实时"，主要股东或高级管理者披露股权变更或证券转换协议的强制期间减少到 2 个工作日；其次增加了信息披露内容，包括对内部控制报告及其评价和重大的表外交易的披露。

5.6.3 相关重要法案及其影响

【《1933 年证券法》】

美国《1933 年证券法》（Securities Act of 1933）又称《证券真实法》（Truth in Securities Law），共 28 条，这是第一部真实保护金融消费者的联邦立法，也是美国第一部有效的公司融资监管法规，包含了州"蓝天法"的许多特色。

【《1934 年证券交易法》】

美国《1934 年证券交易法》（Securities Exchange Act of 1934）的核心是建立联邦证券交易委员会（SEC），专司证券管理，它是一个独立的统一管理全国证券活动的最高管理机构。其宗旨是：为投资者提供最大的保护及最小的证券市场干预，设法建立一个投资信息系统，一方面促成投资者做出正确的投资选择，引导投资方向；另一方面利用市场投资选择把发行量低的证券排斥于市场之外。

该法律主要规范了以下几个方面：对证券发行中多种侵害投资者权益和非法操纵市场行为进行界定；要求交易所、经纪人、证券经销商及在交易所挂牌交易证券必须注册；要求所有相关机构必须对经营和财务信息进行充分披露；要求公司的所有股东行使自己的权利，如参加股东大会、选举自己的董事等。这部法律赋予证券交易委员会对交易所、从业机构及上市公司的监管权，并强制相关机构和个人严格执行美国《1933 年证券法》。

【《萨班斯－奥克斯利法案》】

《萨班斯－奥克斯利法案》（Sarbanes-Oxley Act）全称为《2002 年公众公司会计改革和投资者保护法案》。该法案对美国《1933 年证券法》《1934 年证券交易法》做了不少修订，在会计职业监管、公司治理、证券市场监管等方面做出了许多新的规定。

【《外国公司问责法案》】

据国际法务 2020 年 12 月 18 日消息，美国公众公司会计监督委员会（PCAOB）发布《〈外国公司问责法案〉认定报告》，认定 60 余家在美注册中国会计师事务所"无法完成检查或调查"。据悉，美国证券交易委员会（SEC）于 2020 年 12 月 2 日宣布确定《外国公司问责法案》（Holding Foreign Companies Accountable Act，HFCAA）相关的信息提交与披露实施细则，要求在美国发行公共证券企业的审计事务所必须接受 PCAOB 的检查。美国证券交易委员会有权将在 3 年内对未获得完全批准的海外审计的公司摘牌。中国证监会相关部门负责人回应称，中美双方相关监管机构正在就开展审计监管合作事宜进行磋商，并已取得一些积极进展。

5.7 投资管理服务机构

投资管理服务机构是指在中美进行投资活动时进行政策和法规推进的政府职能部门，它们在促进中美投资领域的深化和保障企业利益、人民安全上起到了重要作用。

5.7.1 美国投资管理服务机构 [1]

【财政部】

美国财政部（US Department of the Treasury）建立于 1789

---

[1]《与投资贸易相关的美国联邦政府部门和机构简介》，中华人民共和国商务部网站，2015年1月9日，http://us.mofcom.gov.cn/article/ddfg/201501/20150100861366.shtml。

年，是美国的一个内阁部门，主要负责管理美国联邦的财政，收集所有根据美国法律规定的税务，生产邮票货币，管理美国政府账户和美国国债，监督国家银行以及储蓄机构，对美国金融、货币、商业、经济、税收以及财政政策提供建议，执行美国联邦金融活动以及税收法律，检查并检举逃税者、造假币者、走私者以及非法持枪者。财政部设部长、常务副部长、司库各一人，下设机构向他们汇报。美国外国投资委员会（CFIUS）办公机构设在财政部，财政部部长担任 CFIUS 主席，负责外资兼并、收购项目的国家安全审查。

【商务部】

美国商务部（US Department of Commerce）是美国主要的综合经济部门之一。此外，还有负责国际贸易、促进和管理出口的主要机构国际贸易署、工业和安全局等。它们的主要职能包括：实施与贸易有关法律法规；拓展贸易；研究、监督多双边贸易协定实施；为美企业出口提供咨询与培训；参与国际贸易政策制定；为维护国家安全、外交利益、保护国内短缺物资供应等实施出口管制。

【国际贸易委员会】

美国国际贸易委员会（US International Trade Commission，ITC）是一个独立的、非党派性质的准司法联邦机构，其职责范围包括：判定美国内行业是否因外国产品的倾销或补贴而受到损害；判定进口对美国内行业部门的影响；对某些不公平贸易措施，如对专利、商标或版权的侵权行为采取应对措施；对贸易和关税问题进行研究；就贸易与关税问题向总统、国会和其他政府机构提供技术性信息和建议。国际贸易委员会与商务部共同负责美国对外反倾销和反补贴调查工作。商务部负责判定被控的倾销或补贴行为是否成立及程度如何。国际贸易委员会则判定美国内行业部门是否因外国倾销或补贴行为而受到损害。国际贸易委员会还负责对美国协调关税制度进行经常性审议，并提出其认为必要或合理的修改建议。

【贸易发展署】

美国贸易发展署（US Trade Development Agency，TDA）成立于 1981 年，是一家独立的、小型的联邦政府机构，总部设在弗吉尼亚州，其主要职责是通过资助项目可行性研究、定向考察、特许培训、商业研讨以及其他各种形式的技术辅助等方式，增强美国公司对外竞争力，帮助美国公司获得海外商机，促进美国企业出口。其中，资助项目可行性研究的费用约占 TDA 整个预算的 77%。过去 10 年以来，TDA 已协助促进 176 亿美元的出口业务，创造 11 万个就业机会。TDA 每投资 1 美元即可带动美国近 58 美元的出口。TDA 项目涉及领域主要包括农业、能源、环保、航空、电力、交通、电信及电子等。

【进出口银行】

美国进出口银行（Export-Import Bank of the United States，EXIM Bank）创立于 1934 年，是一家独立的美国政府机构，

其主要职责是通过提供从一般商业渠道不能获得的信贷支持，来促进美国商品及服务的出口，增加就业。成立至今已支持了美国超过 4560 亿美元的出口。美国进出口银行与商业银行之间是一种相互补充而非竞争的关系。

【食品药品监督管理局】

美国食品药品监督管理局（US Food and Drug Administration，FDA）隶属美国卫生与人类服务部，主要负责食品安全和卫生，药物（含兽药）、生物制品和医疗器械的安全和有效性，化妆品安全，放射性设备和产品安全以及上述产品的标签管理。依据美联邦法律，FDA 有权制定具体条例、规定和实施办法等，其执行的主要法律有：食品、药品和化妆品法，公共卫生服务法，公平包装和标签法。其他相关法律有：婴儿食品法、茶叶进口法、处方药品法等。FDA 主要通过入市前期管理、市场管理、处罚三个环节实施管理。

【海外私人投资公司】

美国海外私人投资公司（Overseas Private Investment Corporation，OPIC）成立于 1971 年，是一个独立的、自负盈亏的政府机构，通过提供在一般商业渠道中无法获取的金融服务，包括长期政治风险及追索权有限的项目融资等，来帮助美私人企业扩大在发展中国家、新兴市场国家的投资，并通过此类服务来获取收入。目前，OPIC 提供融资、担保的项目涉及 140 多个国家和地区，涉及农业、能源、建筑、自然资源、电信、交通及银行等行业。

5.7.2　中国投资管理服务机构

【中华人民共和国驻美利坚合众国大使馆经济商务处】

中华人民共和国驻美利坚合众国大使馆经济商务处 ① 是中华人民共和国商务部派驻美国管理对外贸易和国际经济合作事务的代表机构，是我国驻外使（领）馆的重要组成部分。其主要职责是：贯彻执行中国对外经济贸易的方针政策和发展战略；推动中美经贸合作关系的发展；提出促进双边经贸关系的意见和建议；宣传中国改革开放政策和经济建设成就；加强与美国政府和业界的沟通与交流；服务国内企业，开拓国际市场。

公使办公电话：202 — 6253353

1. 通信地址

Economic and Commercial Counselor's Office

Embassy of the People's Republic of China

2133 Wisconsin Avenue NW，Washington，DC 20007

2. 有关业务咨询电话

贸易投资：+1（202）6253358/3343/3344

法律事务：+1（202）6253355

检验检疫：+1（202）6253363

---

① 《经商处》，中华人民共和国驻美利坚合众国大使馆网站，2010年6月13日，http://www.china-embassy.org/sgxx/jgsz/jsc/201005/t20100526_5045277.htm。

3. 传真

+1（202）3375845

+1（202）3375864

4. 网址

http：//us.mofcom.gov.cn

5. 电子邮件

us@mofcom.gov.cn

【中华人民共和国商务部】

中华人民共和国商务部正式成立于 2003 年，是主管商业经济和贸易的组成部门。主要负责拟订国内外贸易和国际经济合作的发展战略、政策，起草国内外贸易、外商投资、对外援助、对外投资和对外经济合作的法律法规草案，即制定部门规章、提出中国经济贸易法规之间及其与国际经贸条约、协定之间的衔接意见，研究经济全球化、区域经济合作、现代流通方式的发展趋势和流通体制改革并提出建议。负责推进流通产业结构调整，指导流通企业改革、商贸服务业和社区商业发展、开展国际经济合作，负责组织协调反倾销、反补贴的有关事宜和组织产业损害调查等工作。①

（一）经贸政策咨询委员会

为进一步完善涉及商务高质量发展的工作决策机制，充分发挥相关领域专家智库的咨询作用，提高商务部科学决策

---

① 《商务部》，中华人民共和国中央人民政府网站，http：//www.gov.cn/fuwu/bm/swb/index.htm。

的能力和水平，商务部于 2011 年 7 月 19 日成立了"经贸政策咨询委员会"。其职责为研究国际国内商务发展趋势、国家扩大对外开放，以及商务工作中全局性、战略性、前瞻性的重大问题，并就我国商务工作发展战略、发展规划等提供咨询。

电话：010-65197151

（二）综合司

组织拟订国内外贸易和国际经济合作的发展战略；监测分析商务运行情况，研究商务运行和结构调整中的重大问题，提出相关政策建议；承担有关统计及信息发布工作。

电话：010-65198403

传真：010-65198445

（三）外贸司

拟订进出口商品管理办法和目录；承担重要工业品、原材料和重要农产品进出口总量计划的组织实施工作；编排进出口商品配额、关税配额年度计划并组织实施；拟订和执行进出口商品配额招标政策；拟订机电产品和高新技术产品进出口、成套设备出口、加工贸易管理政策及有关目录并组织实施；拟订进口机电产品招标办法并组织实施；指导外贸促进体系建设。

电话：010-65197435

传真：010-65197952

（四）服务贸易和商贸服务业司

牵头负责服务贸易工作；负责全国技术进出口管理工

作；负责全国服务贸易促进工作；参与国际多边服务贸易工作；规范服务贸易经营秩序；拟订中国国际货运代理发展政策；拟订并组织实施促进服务外包发展的政策法规；承担商贸服务业的行业管理工作等。

电话：010-65197355

传真：010-65197926

（五）产业安全与进出口管制局

产业安全与进出口管制局是商务部内设司局，承担着拟订并组织实施国家出口管制、最终用户和最终用途管理、产业与技术评估、国家出口管制体系建设等职能。

电话：010-65198715

传真：010-65198775

（六）外国投资管理司

对全国吸收外商投资工作进行宏观指导和综合管理；参与制定利用外资的发展战略及中长期规划和产业区域结构优化目标；起草吸收外商投资的法律法规；协调相关部门拟订服务贸易领域利用外资方案并组织实施。

传真：010-65197322

（七）对外援助司

拟订并组织实施对外援助的政策和方案，推进对外援助方式改革；组织对外援助谈判并签署协议，处理政府间援助事务；编制对外援助计划并组织实施；监督检查对外援助项目的实施。

电话：010-85093526

传真：010-85097901

（八）对外投资和经济合作司

组织、协调"走出去"战略；起草对外投资和经济合作法律、法规，拟订相关部门规章和保障、监管等制度；依法核准境内企业对外投资并实施监督管理；监测、分析对外投资和经济合作运行状况等工作。

电话：010-65197163

传真：010-65197992

（九）贸易救济调查局

承担进出口公平贸易工作和贸易救济调查工作及对外事务；分析各国的贸易及投资法律法规；指导协调国外对中国出口商品实施贸易救济措施及其他限制措施的应对工作；承担进出口公平贸易及贸易救济的双多边交流与合作。

电话：010-65198167

传真：010-65198172

（十）国际经贸关系司

拟订并执行多边、区域经贸政策；根据分工处理与多边、区域经贸组织的关系；组织实施自由贸易区战略；牵头组织多边、区域及自由贸易区等经贸对外谈判；承担联合国等国际组织对中国经济技术合作等中方有关管理事务等工作。

电话：010-65197703

传真：010-65197903

（十一）世界贸易组织司

代表我国政府处理与世界贸易组织的关系，负责我国在世界贸易组织框架下的各种会议、多双边谈判；履行我国在世界贸易组织中承担的关于贸易和投资等方面的政策审议、通报、咨询义务；会同条法司、地区司及相关司局，负责涉及我国的贸易争端在诉诸世界贸易组织争端解决机制前的对外磋商工作；协调我国加入世界贸易组织后的应对工作；联系中国常驻世界贸易组织代表团。

电话：010-65197313

传真：010-65197310

（十二）美洲大洋洲司

拟订并组织实施美洲经贸合作发展战略、规划和政策；建立双边、区域政府间经济贸易联委会等机制；组织双边、区域经贸谈判；处理国别经贸关系中的重要事务；监督外国政府履行与中国签订经贸协议情况并承担对外交涉工作，协助中国企业获得外国市场准入。

电话：010-65198805/65198821

传真：010-65198904

【云南省商务厅】

云南省商务厅为主管云南省内外贸易、口岸与经济合作的云南省人民政府组成部门。

主要职责为：拟订国内外贸易、外商投资、对外投资和对外经济合作、口岸建设发展的政策措施并组织实施；研究经济全球化、区域经济合作、现代流通方式的发展趋势和流通体制改革并提出对策建议；负责推进流通产业结构调整，指导流通企业改革、商贸服务业和社区商业发展，提出促进商贸中小企业发展的政策建议；负责推动流通标准化和连锁经营、商业特许经营、物流配送、电子商务等现代流通方式的发展；拟订国内贸易发展规划，促进城乡市场发展；拟订引导资金投向市场体系建设的政策措施；指导大宗产品批发市场规划和城市商业网点规划、商业体系建设工作；推进农村市场体系建设，组织实施农村现代流通网络工程；承担牵头协调整顿和规范市场经济秩序工作的责任。

此外，云南省商务厅还负责推动商务领域信用建设，指导商业信用销售，建立市场诚信公共服务平台；按照有关规定对特殊流通行业进行监督管理；负责重要消费品储备管理和市场调控的有关工作，会同有关部门组织实施重要生产资料流通管理；负责建立健全生活必需品市场供应应急管理机制；监测分析市场运行和商品供求状况，调查分析商品价格信息，进行预测预警和信息引导，按照分工负责重要消费品储备管理和调控工作，按照有关规定对成品油流通进行监督管理等。

（一）口岸规划处

负责编制口岸、通道（边民互市点）中长期开放发展规划；负责口岸年度建设资金计划的编制、项目审核和汇总上报；会同有关部门组织口岸基础与信息化设施建设验收；负责口岸、通道（边民互市点）开放和关闭工作；拟订口岸发展政策、规章措施并提供法律咨询服务；组织开展口岸重大问题调查研究并提出分析建议；承办厅领导交办的其他事项。

（二）口岸通关处

组织协调口岸、通道大通关建设；负责口岸年度通关运行维护资金计划的编制和审核工作；组织落实口岸、通道通关便利化促进和考核工作；监测口岸、通道运行动态工作；统筹协调推进口岸信息化工作；协调和推动口岸通关中各有关部门的协作配合，研究解决口岸通关中的重大问题；推动口岸大通关的国际合作与交流，参与处置口岸通关突发事件；承办厅领导交办的其他事项。

（三）对外投资管理处

拟订全省对外投资发展规划、政策措施并组织实施；指导和管理对外投资、境外加工贸易和研发、境外资源开发、境外农业与加工业开发等对外投资业务；负责国内企业对外投资开办企业（金融类除外）备案并实施监督管理，规范企业对外投资经营行为；组织实施对外投资综合绩效评价；指导和协调重大对外投资项目和境外经贸合作区建设相关工作；承担对外投资直接投资统计，监测、分析对外投资运行情况；负责云南省驻国（境）外商务代表机构业务管理及日常联络等工作；承办厅领导交办的其他事项。

（四）外事和国际经贸关系处

拟订商务涉外工作规章制度，协调并参与安排重要商务外事活动以及指导直属单位外事礼宾工作；根据授权，负责审核或审批商务系统出国（境）团组人员的派赴工作和邀请外商的有关事宜；收集整理云南与世界各国经贸合作情况，研究提出政策建议；协调南亚东南亚各国和区域性国际组织在滇开展的有关经贸事务；负责云南与各国双边、多边合作机制会谈及经贸合作磋商事宜；负责与我国驻南亚东南亚国家使领馆经参处（室）以及各国驻滇的官方、民间商务机构的日常联络工作；归口管理多双边及国际民间组织对滇无偿援助项目；承办厅领导交办的其他事项。

（五）对外经济合作处

管理对外承包工程、设计咨询、边境经合等业务实施及市场开拓，并进行统计、监测、分析；拟订并组织实施对外经济合作相关规章和政策；负责对外承包工程、设计咨询工作；负责规范对外经济合作经营秩序；按照职责分工负责对外援助的具体执行；负责在毗邻国家开展经济技术合作业务的指导和备案管理工作；推动建立外派劳务合作基地，负责对外劳务合作相关工作；承办厅领导交办的其他事项。

（六）对外贸易处

拟订并实施外经贸以质取胜战略、科技兴贸战略、市场多元化战略和积极的货物进口战略；参与拟订并实施全省对外贸易的发展战略、中长期规划、政策措施和工作目标，综合分析全省外贸进出口运行情况；统筹推进外贸进出口工作，指导对外贸易促进体系建设，拟订外贸促进政策和计划，指导、协调组织企业参加国内外重点外经贸展会，开拓国际市场；负责全省机电和高新技术产品进出口管理工作；推进各类外贸平台和载体建设；推进外贸创新驱动、贸易新业态、出口基地、出口品牌体系、国际营销网络建设，培育形成以技术、质量、品牌、服务为核心竞争力的出口新优势；承担加工贸易管理、机电产品国际招投标监督管理、货物进出口配额和许可证管理；负责"两用物项"和技术（包括敏感物项和易制毒化学品等）的进出口管理工作；指导、办理对外贸易经营者的备案登记；审核、管理国（境）外非企业经济组织常驻本省代表机构；规范进出口经营秩序，协调指导外贸信用体系建设，促进贸易便利化；承办厅领导交办的其他事项。

5.8 投资建议

5.8.1 算好"战略、经济"两本账

"战略账"是指企业应根据自身发展战略与规划，分析国内、国际以及美国经济形势、具体行业发展趋势，深入思考赴美投资将如何优化本企业资源配置能力，将提升企业核心竞争力作为投资决策的出发点和落脚点。切忌盲目、冲动做出投资决策，以免给公司带来重大损失。

"经济账"是指企业要全面、系统评估赴美投资的经济可行性，整合公司内部、外部的专业资源，深入做好项目选址、投资、税务、法律等前期各类调研，做好风险评估和预案准

备，科学确定可行性报告，事先做好"家庭作业"，要特别重视培养、储备本公司跨国经营人才的工作。避免出现赴美投资后，才发现投资成本过高、项目不可行等情况。

5.8.2 选择适合的赴美投资方式

企业在深入、细致计算"战略、经济"两本账、做出赴美投资决策后，面临的首要问题是选择何种投资方式。对外直接投资主要包括两种方式。

（一）绿地投资

绿地投资（Green Field Investment）又称"创建投资"，指跨国公司等投资主体在东道国境内依照东道国的法律设置的部分或全部资产所有权归外国投资者所有的企业，外国投资者可选择独资或合资设立新企业。

（二）跨国兼并、收购

跨国兼并（Merger）及收购（Acquisition）简称"并购"，指外国投资者为了达到特定经营目标，通过一定渠道和支付手段，将另一国企业全部或部分资产或股份收购下来，从而对被收购企业的经营管理实施实际或完全的控制行为。

一般来说，并购美国企业的整个流程分为：初步协商，确定并购主体；尽职调查，签署交易协议；过渡期监控，审批及交割；后续整合及运营。

5.8.3 酌情选择专业咨询公司

根据《2021 年在美中资企业年度商业调查报告》，少部分（11%）在美国运营的受访中资企业在 2020 年受到联邦、州或其他监管调查（上一年为 17%）。但是，与 2019 年相比，2020 年总体上企业受到监管调查的范围有所扩大，更多企业面临与信息安全有关的美国外国投资委员会（CFIUS）审查。因此，在美投资无论项目规模大小，均涉及注册、税务、劳工等法律法规，由于各州存有差异，美国联邦、州和地方政府投资促进部门均建议外国投资者聘请当地专业律师提供咨询服务。

对于在美投资金额较大的项目，建议中国企业根据自身需求和实力，一方面组建本公司投资美国的项目团队，有效组织利用内部资源；另一方面，视情况聘请项目可研咨询公司、环评公司、公司事务律师、投资银行、会计师事务所、财务顾问、公关等专业咨询公司。

根据中国驻美使馆经商处对近年在美成功投资或公开上市的中国企业调查情况看，受访企业均建议赴美投资应聘请专业咨询公司或顾问，消除认为相关费用属于"乱花钱"等认识误区。

5.8.4 注意投资地点的选择

投资地点选择要依据企业自身业务发展、对外部资源和市场利用的需要，一般应优先选择产业集聚度高、交通便利、信息灵通、商机较多、生活便利的城市。

需要注意的是，在某个州创建公司后，如今后要在其他州开展业务，还需获得其他州政府的许可。因此，企业最初设立地点不能仅考虑税务优惠，而忽视市场资源等其他关键要素。

5.8.5　注重诚信、合法经营、争取支持、规避风险

中国企业在设立注册、日常运营、税务申报、聘用雇员等过程中，要高度重视诚信和知识产权保护，坚持依法合规经营。与美国联邦政府主管部门、项目所在地政府、当地选区的国会议员、州议员和行业协会等保持密切联系，主动争取优惠政策，并就投资过程中遇到的问题积极沟通，认真履行企业社会责任，尊重当地风俗习惯，主动融入当地社区，重视工会组织，妥善处理劳资关系，与媒体保持良好沟通，积极争取各方支持。

要树立风险意识，企业跨国投资前要对面临的潜在政治、法律、营商环境等风险了然于胸，制定并严格实施风险防控措施，通过聘请专业咨询机构、选择项目投资方式、利用保险组合、引入合资伙伴、强化知识产权保护、减少诉讼风险、增加本土化运作等多种方式规避、应对风险。

附录1 美国重要部门、机构有关资料

【美国的立法和司法机构】

美国政府的机构设置框架源于美国联邦宪法。联邦宪法是美国政府的基本文件和美国最高法律，其主要内容是建立联邦制的国家，各州拥有较大的自主权（包括立法权）。它制定了国家制度、政府体制和国家的运行原则，阐明全国政府三个部门——立法、行政和司法三权分立，各自行使特定的职责，同时相互制约。

（一）立法机关（美国国会）

根据联邦宪法第一条，联邦政府的所有立法权力被赋予由两院（众议院和参议院）组成的国会。两院的议员都由各州选民直接选举产生。参议院由每州出两名参议员组成，共100人。参议员任期6年，每逢双数年便举行选举，改选参议员的1/3。参议院主席由副总统担任，但除了在表决相持不下时，副总统并没有表决权。众议院由各州按人口比例分配名额选出，共435名众议员。众议员任期2年，期满全部改选。众议院选出自己的会议主持者众议院议长。美国国会每隔2年举行一次中期选举，也就是说，众议院中全部435个席位都要改选，参议院要改选其中的 1/3。一般来说，在职总统所在的党总要在中期选举中失去一些席位。

美国国会根据立法的实际需要，以及不同时期的国会和机构改革法，逐步形成了今天的参议院和众议院委员会制度，这些委员会是国会审议各种立法议案的核心，拥有很大的权力。凡是提交国会的议案，首先要经过委员会的审议或修正，通过后，才能分别提交参议院或众议院全院大会讨论。

当参议院或众议院的全院大会对某一议案讨论完毕后，议员们对该议案进行投票。任何一院通过的议案都要提交另一院审议，如果法案被第二院修正，则由两院部分议员组成的协商委员会协商解决。法案一旦在两院通过，须送交总统签署后才能成为法律。如果总统否决，则可在两院 2/3 多数批准的情况下使法案成为法律。

美国国会设置的其他重要机构，还包括总审计署（General Accountability Office）和国会预算办公室（Congressional Budget Office）。

（二）司法机关

美国的司法机关主要由最高法院（The Supreme Court of the United States）、13 个上诉法院（United States Courts of Appeals）、91 个地方法院（United States District Court），以及 3 个有特别裁判权的法院（Special Courts）和联邦司法中心（Federal Judicial Center）等机构组成。

最高法院与联邦法院的院长和法官由总统提名，由参议院批准任命。最高法院是美国最高一级法院，也是联邦宪法特别设立的唯一法院。最高法院由一位首席大法官和八位联席大法官组成。根据美国联邦宪法，最高法院有宪法解释权，可以宣布联邦和各州的法律违宪，对涉及大使、公使、领事及州当事人之案件有初审权，还有处理下级法院所审理案件的上诉裁决权。无论初审和终审，最高法院的判决都是最终判决。

每个上诉法院有 6~28 名上诉法官，它们受理多数不服地方法院判决的上诉案件，并有权复审联邦独立机构的命令和裁决。上诉法院的判决一般也应视为是终审判决。

地区法院是联邦法院系统的基层法院，每一地区法院有 1~27 名法官。联邦地区法院审理各区内涉及联邦政府的各类案件（如滥用邮递、盗窃联邦政府财物等）、不同州公民间、美国公民与外国公民的讼案。特别法院的法官也是在参议院的建议、认可下由总统任命，终身任职。特别法院主要有索赔法院、关税及专利权上诉法院等。另外，州、县、市各级法院体系不属于联邦法院体系，自成一体。

【美国政府行政部门机构设置】

美国联邦政府行政部门主要由三部分构成：总统和白宫、19 个部、60 多个独立的局及 4 个准官方的机构。

（一）总统和白宫

美国联邦宪法规定，总统是国家元首、政府首脑兼武装部队总司令。美国总统也是世界上最有权力的职位之一。在立法方面，他可以否决国会通过的任何法案，即有立法否决权；可以在每年一度的国情咨文、预算咨文、经济咨文及各种专门问题的咨文中，向国会提出立法倡议，即立法倡议权；他还有权召集国会特别会议。在司法方面，总统提名任命联邦法官，包括最高法成员在内，但要获得参议院的认可；还可以对任何被判破坏联邦法律的人（被弹劾者除外）做完全或有条件的赦免。在行政方面，总统可以发布法令、条例和指示，可以任免公务官员，但高级官员（包括内阁部长、副部长、助理部长等）要得到参议院的批准；有权征召各州的国民警卫队为联邦服务；在战争或国家危急时，国会可给予总统更大的权力，以处理国家经济和保护合众国的安全，有权宣布紧急状态，统帅和指挥武装部队。在外交事务中，他负责合众国和外国之间的关系，有权代表美国同外国政府建立外交关系和缔结行政协定等；有权任命大使，但缔结条约和任命大使均须经由参议院的批准。

总统每届任期四年，连选可连任一次。在总统死亡、辞职或丧失能力的情况下，由副总统接替总统的职务。

1. 总统内阁

美国政府最高决策机关为总统内阁。总统内阁由总统根据施政事实上的需要而设立。内阁成员由处理具体的国家及国际事务各部部长和总统指定的其他官员组成。从法律上说，内阁实际上只起总统助手和顾问团的作用，没有集体决策的权力。

2. 白宫的"政研室"

美国总统许多重要的决策和规划，来自在白宫设立的若干重要的政策研究机构，如国家安全委员会、总统经济顾问委员会、管理和预算办公室、国家药品控制办公室、政策研究办公室、科学和技术政策办公室和美国贸易代表办公室等。

国家安全委员会（The National Security Council）是根据《1947年国家安全法》（The National Security Act of 1947）成立的，设在总统行政办公室。

总统经济顾问委员会（Council of Economic Advisers）的主要任务是负责研究、分析国内各部门和国际经济问题，评估联邦政府的各项经济政策，准备每年的《总统经济报告》，在国家经济发展方面向总统提出政策建议。

管理和预算办公室（Office of Management and Budget）主要职责是：通过审查各行政部门的组织结构和管理程序，协助总统维持一个有效的政府；制定有效的协调机制，协助总统加强政府各机构之间的合作；帮助总统准备预算和制订政府的财政计划；审查和控制政府的预算，帮助总统制定改革政策，尤其是及时向总统报告政府的财政负担。

政策研究办公室（Office of Policy Development）由美国内政策委员会和国家经济委员会组成，它们都负责向总统提供建议，帮助总统制定、协调和执行国内经济政策，同时也在其他的政策方面向总统提供建议。

国内政策委员会（The Domestic Policy Council）主要负责审查总统国内经济政策的研究和执行情况，协调联邦政府各机构间的合作。

国家经济委员会（National Economic Council）主要负责协调总统经济政策的制定，向总统提供经济政策建议，委员会还负责保证经济政策决策的实施。

环境质量委员会（The Council on Environmental Quality）设在总统行政办公室，向委员会提供专业和行政管理方面的支持。委员会主席同时也担任办公室主任，由总统任命。根据法律的要求，委员会负责评估、协调联邦政府的行动，向总统提供有关国内和国际环境政策方面的建议，为总统准备向国会提交的年度环境质量报告。此外，委员会还负责审查联邦政府各机构和部位执行有关国家环境政策的各法案的情况。

国家药品控制政策办公室（Office of National Drug Control Policy）编制 14 人，目前的实际成员有 8 人。办公室负责制定国家毒品控制的政策、目标、优先次序和实施手段、每年的年度报告，提出反毒品战略和国家反毒品的预算报告。在组织、管理、预算等涉及反毒品活动的各个方面，向总统提出建议。同时，也负责审查政府各机构履行反毒品战略的执行情况。

科学和技术政策办公室（Office of Science and Technology Policy）设在总统行政办公室。科学和技术政策办公室负责为总统提供科学、工程和技术分析报告，以及有关重要的政策、计划和联邦政府的各种项目。从科学方面，对各个领域的问题，包括经济、国家安全、医疗、对外关系和环境等问题，向总统提供建议。对于联邦政府在科学和技术方面的工作努力的规模、质量和有效性进行评估。

美国贸易代表办公室（Office of the United States Trade Representative）是总统行政办公室的一个机构，负责处理贸易协定、制定和实施贸易政策。美国贸易代表相当于大使，直接对总统负责，全权负责处理有关美国在世界贸易组织中的一切活动，包括讨论、召集会议和谈判，以及在 OECD 内涉及贸易和商品问题的事务，在联合国贸易和发展会议和其他多边机构中涉及的贸易问题和其他多边与双边的贸易谈判。

美国贸易代表也是美国进出口银行（The Export-Import Bank）和海外投资公司（The Overseas Private Investment Corporation）的董事会成员，是国际货币和金融政策的国家咨询委员会成员。

（二）部门机构设置

目前，美国共设有 20 个部，经过多年的演变，美国许多部的行政机构设置均很庞大，在国家经济和社会发展中的作用日益突出。以下仅以美国商务部和财政部为例。

1. 美国商务部

美国商务部成立于 1913 年 3 月 4 日，是从原"商务和劳工部"（成立于 1903 年 2 月 14 日）中分离出来的。有关劳工方面的事务，由劳工部负责。根据法律，美国商务部的主要职责是促进国家的对外贸易、经济增长和技术进步；提供各方面的帮助和信息，提高美国企业在世界经济中的竞争力；

防止来自国外的不公平贸易竞争；为企业和政府决策部门提供社会和经济统计数字和分析报告；支持科学和技术成果的利用，环境和海洋资源的利用；确保专利和商标，制定技术发展政策。商务部的最高机关是部长办公室，负责主持商务部的一切工作，向总统提供有关联邦政府政策、工商业和国家经济方面的建议。

商务部下设多个局和办公室，各司其职，如经济和统计局、出口管理局、经济发展局、小企业发展局、国家海洋和大气管理局和技术管理局等。

经济和统计局的主要职责是向部长和其他政府官员提供有关经济发展、经济预测及宏观和微观经济政策。经济和统计局由普查局和经济分析局组成。

普查局（Bureau of the Census）作为一个永久性的机构，其主要职责是根据宪法的授权，提供人口方面的普查数据。根据美国法律，普查局应当每 10 年进行一次人口普查。法律规定，普查局所收集的任何有关个人、家庭和机构的数字，必须经过严格的确认，并只能用于统计目的。普查局负责每 10 年进行一次人口和住房普查；在各州和地方政府范围内，每 5 年进行一次工业普查，包括制造业、矿业、建筑业和交通运输业；通过经常性的调查，提供各方面的信息；综合美国外贸方面的统计，包括进出口数字；经各州和地方政府要求，进行各种专门的普查；发表人口方面的预测数字。

经济分析局（Bureau of Economic Analysis）负责美国国

家经济核算，综合各种经济数据，提供重要的经济信息，诸如经济增长、地区发展和美国在世界经济中的地位；国民收入和生产核算，包括国民产出的生产、分配和使用情况，估算国家的有形财富、投入和产出表；地区经济核算，提供各地区、州和大城市区的个人收入、人口和就业情况，各州的总生产的估计；国际经济核算账户，由美国与外国的国际交易（收支平衡）和美国的国际投资构成组成。此外，经济分析局还定期对美国在海外的投资和外国在美国的投资情况进行普查，并发表有关的数字。

出口管理局（Bureau of Export Administration）作为商务部内一个独立的机构，主要职能是负责促进出口和管制出口。出口管理局负责制定美国的"二元"（Dual-use）商品，包括技术、软件和大规模杀伤性武器的出口控制政策，处理出口许可申请，实施出口控制法。这些行动一方面是为了防止武器扩散，同时也是出于加强国防工业基础、确保国家安全和某些对外政策目标方面的考量。

经济发展局（Economic Development Administration）旨在帮助美国国内各地方经济的发展，包括农业地区和某些不属于主流经济、经济发展迟缓的城市社区。经济发展局主要是通过向某些项目，如基础设施建设、计划和协调、经济调整提供一些公共政策方面的支持和援助（包括基金方面的支持），以减少这些地区的失业。在经济发展局的计划援助（Planning Grants）中，多是针对各州、地方政府、社区，以帮助其制定有效的经济发展政策和发展计划，并提供技术和资金方面的支持，包括产业研究、管理、自然资源开发和促进出口等。

国际贸易局（International Trade Administration）主要任务是促进对外贸易，加强美国的国际贸易和投资地位。在进口方面，主要职责是保护美国企业免受不公平贸易行为的侵害。国际贸易局由一位负责国际贸易事务的助理部长担任局长，并负责向美国贸易代表提供专业和情报方面的支持。国际贸易局内分设多个部门：进口办公室负责裁定是否应对某进口商品实施有关的反倾销措施；市场准入和申请办公室负责分析、制定和执行美国国际经济政策，为美国公司开拓海外市场，改善美国的国际贸易和国际投资的地位；贸易发展办公室负责在国际贸易和投资方面提供建议，支持美国的工业部门，加强美国国内出口竞争力，促进美国企业参与国际市场。此外，还设有"出口支持中心"（Export Assistance Centers），负责向美国企业提供有关出口方面的信息和其他各种支持。

小企业发展局（Small Business Administration）设在商务部，负责制定国家小企业发展计划。支持小企业，使其能够有效、平等地参与美国的自由企业制度，克服各种社会和经济障碍。小企业发展局的另一重要任务是加强政府与小企业间的合作，为小企业拓展市场空间和商业机会。

国家海洋和大气管理局（National Oceanic and Atmospheric

Administration）设在商务部，主要职责是预测、监察、分析环境的变幻，及时预测，保护人民生命财产和自然资源，促进经济增长，加强环境安全。国家海洋和大气管理局由国家气象局（National Weather Service）和国家环境卫星、数据和信息服务局（National Environmental Satellite, Data, and Information Service）组成。

技术管理局（Technology Administration）设在商务部，是美国政府与美国产业界进行合作的主要技术机构，旨在向企业提供信息，加强美国企业的竞争力。技术管理局由多个部门组成，包括技术政策办公室、国家技术信息局和国家标准与技术研究所等。技术政策办公室（Office of Science and Technology Policy）的主要任务是向私人部门提供支持，旨在推进技术政策，最大限度地发挥技术对经济增长的影响，增强美国产业的竞争力，保护产业界的利益。此外，也负责支持联邦、州和地方政府官员、产业界和学术机构的技术能力，以促进美国的国家技术发展和美国经济的竞争力。国家技术信息局（National Technical Information Service）的主要信息来源是美国各政府机构，此外也广泛地收集各种技术研究报告、国外和国内的贸易情况、商业和管理研究、社会经济和贸易统计数字、计算机软件和数据库、医疗保健年度报告以及其他各种数据和全球竞争性情报。国家标准和技术研究所（The National Institute of Standards and Technology, NIST）主要任务是帮助企业界开发新技术，改进产品质量和生产过程，以新的科学发现为基础，加速产品的商业化，以加强美国经济，改善工作质量，改进应用技术，提高标准。

除以上各种机构外，美国商务部还设有专利和商标办公室、政策与战略计划办公室和企业发展监督局等。

2. 美国财政部

创建于 1789 年 9 月 2 日，是美国历史最悠久的政府机构。财政部部长作为总统的政策顾问，主要职责是制定和拟订国内、国际金融、经济和税收政策，参与制定广泛的财政政策，管理国家债务，美国政府的金融代理人。财政部设有多名助理部长，分别负责经济政策、宏观经济政策协调、微观经济、银行与金融、税收和预算、公共关系和国际事务等。

（三）其他独立机构的设置

目前，美国共有 60 多个独立的机构，其中较重要的有以下几个机构。

1. 美国中央情报局

美国中央情报局（Central Intelligence Agency，CIA）总部位于美国弗吉尼亚州的兰利。其主要任务是公开和秘密地收集和分析关于国外政府、公司、恐怖组织、个人、政治、文化、科技等方面的情报，协调其他国内情报机构的活动，并把这些情报报告美国政府各个部门。

它也负责维持大量军事设备，这些设备在冷战期间用于为推翻外国政府做准备。

美国中央情报局有四个主要组成部分：情报处、管理处、行动处、科技处。情报技术人员多具有较高学历，或是某些领域的专家。该机构的组织、人员、经费和活动严格保密，即使国会也不能过问。

2. 美国联邦调查局

美国联邦调查局（Federal Bureau of Investigation，FBI）是世界著名的美国最重要的情报机构之一，隶属于美国司法部。

FBI 的任务是调查反联邦法罪犯，支持法律，保护美国，调查来自外国的情报和恐怖活动，在领导阶层和法律方面执行。对联邦、州、当地和国际机构提供帮助，同时在响应公众需要和忠实于美国宪法的前提下履行职责。在五大影响社会的方面享有最高优先权：反暴行、毒品或有组织犯罪、外国反间谍活动、暴力犯罪和白领阶层犯罪等。

3. 美国商品期货委员会

美国商品期货委员会（U.S. Commodity Futures Trading Commission，CFTC）成立于 1974 年。CFTC 作为一个独立的机构，主要职责和作用是负责监管美国商品期货、期权和金融期货、期权市场，保护市场参与者和公众不受与商品和金融期货、期权有关的诈骗，不受市场操纵和不正当经营等活动的侵害，保障期货和期权市场的开放性、竞争性的和财务上的可靠性。

4. 美国贸易发展署

美国贸易发展署（U.S. Trade Development Agency，TDA）

成立于 1981 年，是一家独立的、小型的联邦政府机构，总部设在弗吉尼亚州。其主要职责是通过资助项目可行性研究、定向考察、特许培训、商业研讨以及其他各种形式的技术辅助等方式，增强美国公司对外竞争力，帮助美国公司获得海外商机，促进美国企业出口。其中，资助项目可行性研究的费用约占 TDA 整个预算的 77%。

5. 美国进出口银行

美国进出口银行（Export-Import Bank of the United States，EXIM Bank）是一家独立的美国政府机构，创立于 1934 年。其主要职责是通过提供从一般商业渠道不能获得的信贷支持，来促进美国商品及服务的出口，增加就业。该行成立至今，已支持了美国超过 4560 亿美元的出口。美国进出口银行与商业银行之间是一种相互补充而非竞争的关系。

此外，美国进出口银行还设有"小企业项目"计划，为美国小企业出口提供融资或信贷担保。按照规定，美国进出口银行必须将其 10% 的资金用于支持促进美国小企业出口。

6. 美国海外私人投资公司

美国海外私人投资公司（Overseas Private Investment Corporation，OPIC）成立于 1971 年。它是一个独立的、自负盈亏的政府机构，通过提供在一般商业渠道中无法获取的金融服务，包括长期政治风险及追索权有限的项目融资等，来帮助美私人企业扩大在发展中国家、新兴市场国家的投资，并通过此类服务来获取收入。目前，OPIC 提供融资、担保的项目涉及140多个国家和地区，涉及农业、能源、建筑、自然资源、电信、交通及银行等行业。

7. 美国小企业管理局

美国小企业管理局（Small Business Administration，SBA）是独立的美国小型联邦政府机构。由美国财政负担（纳税人的钱），预算通过国会小企业委员会每年划拨。其职能主要是制定中小企业发展的政策与措施；帮助中小企业制定发展规划，接受企业经营等方面的咨询；为中小企业提供国内外先进技术及市场信息；向中小企业提供管理人员和员工培训方面的服务，帮助中小企业解决发展中的困难等。中小企业管理局在美国十大城市设有分局，有69个地区办公室，960多个服务点，员工总人数超过400人。

附录2　中国企业在美国遇到困难时如何应对

【通过法律手段维护自身权益】

企业在遇到困难时，要通过合法手段为自己争取权益。在美国，企业必须依法注册、经营，必要时要通过法律手段解决纠纷，保护自身权益。

美国为英法系国家，法律法规发达完备，美国企业、个人习惯于通过法律手段解决争端。由于中美两国法律体系不同，且有语言沟通问题，建议中国企业聘请当地律师处理企业法律事务，一旦涉及经济等法律纠纷，可借助律师力量，寻求司法途径解决。

同时，在美投资的中国企业应密切联系当地政府，争取项目所在地政府的支持和帮助，及时通报企业发展情况，反映遇到的问题和困难，寻求所在地政府更多支持。

在美中资企业一旦遭遇突发事件或重大情况，除及时向中国驻美国各使领馆、公司总部报告以外，应第一时间与当地政府和警方联系，尽快取得支持和帮助。

【联系中国驻美国使领馆】

（一）中国驻美国使领馆

中国在美国设有大使馆和驻纽约、芝加哥、洛杉矶、旧金山和休斯敦 5 个总领馆。

中国驻美国使领馆领事部向在美中国公民提供领事保护。按照《维也纳领事关系公约》规定，公民享有本国领事保护的权利。当其正当权益如人身安全、财产权益等受到侵犯时，或受到歧视和不平等待遇时，领事官员应采取一切必要措施加以保护，必要时进行交涉，包括要求惩凶、道歉、赔偿损失、防止事件再次发生和取消无理措施等。本国公民若被逮捕、监禁或以其他方式被剥夺自由，有权要求会见领事官员或与之通信。领事官员有权探视该公民。

（二）中国驻美国使领馆经商处（室）

中国驻美国大使馆下设经济商务处，其主要职责包括：在使馆统一领导下，促进中美双边经济合作和贸易发展；与中国商务部和美国外经贸主管机构保持日常性联络；代表中国政府和有关部门就外经贸事务与美国政府机构进行联系交涉；参与多双边经贸谈判和协议的商签；宣传和介绍中国的外经贸政策；为中、美两国工商界提供进出口业务咨询服务；协助解决两国企业的商务纠纷；向美国公司发放中国各类展览会、交易会的宣传材料和邀请信函；协调中国企业来美国参展和进行商务活动等。

【防患于未然，完善应急处置措施】

中国企业到美国开展投资合作，要客观评估潜在安全风险，有针对性地建立内部安全保卫规章制度、应对突发事件的应急预案，并定期进行实际演练，确保制度得到落实、职责明确到人。

　　企业应对员工不断进行安全教育，强化安全意识，时刻紧绷"安全弦"；要安排专人负责安全生产和日常安保工作，建立带班值班制度；投入必要经费购置安全设备，为员工购买合适保险等。如遇自然灾害等突发事件，应迅速启动应急预案，沉着应对，力争将损失控制在最小范围。遇有火灾或人员受伤，应立即拨打当地火警和医疗救护电话，并及时报告中国驻当地使领馆、本企业国内总部。

附录3　资料数据援引出处

【研究报告】

"Strategy for American Leadership in Advanced Manufacturing"，美国白宫，2018。

《宏观观察》，中国银行研究院，2012。

《美国〈出口管制条例〉》，金杜律师事务所，2020。

《美国国会研究部发布报告分析对美国贸易政策的影响》，中资企业（新加坡）协会，2021。

《2021 美国住宅市场国际交易报告》，全国房地产经纪人协会（NAR），2021。

《CGCC& 安永：2021 年在美中资企业年度商业调查报告》，中国经济，2021。

《对外投资合作国别（地区）指南：美国（2020 年版）》，商务部国际贸易经济合作研究院，2020。

【著作】

邹春萌等编著《新编对缅投资指南》，社会科学文献出版社，2018。

【论文、报刊】

韦路、丁方舟：《社会化媒体时代的全球传播图景：基于

Twitter 媒介机构账号的社会网络分析》,《浙江大学学报》(人文社会科学版) 2015 年第 6 期。

【网站】

(一)国内网站

https://m-cn.yna.co.kr/view/ACK20211202007100881?section=search,韩联社。

https://www.eia.gov/totalenergy/data/monthly/,新华网。

https://news.cctv.com/,央视新闻。

https://world.huanqiu.com/,环球网。

guoguanxueren@sina.com,国关国政外交学人。

https://www.cctv.com/,央视网。

https://www.toutiao.com/,今日头条。

https://c.m.163.com/news/sub/T1478565223571.html,网易今世说。

http://www.mofcom.gov.cn/,中华人民共和国商务部。

http://www.istis.sh.cn/,上海科学技术情报研究所(ISTIS)。

http://www.china-ofdi.org/,国际投资贸易网。

http://www.china-embassy.org/,中华人民共和国驻美利坚合众国大使馆。

http://www.gov.cn/fuwu/bm/swb/index.htm,中华人民共和国中央人民政府商务部。

https://swt.yn.gov.cn/articles/4269,云南省商务厅。

（二）国外网站

https://zh.wikipedia.org/wiki/Wikipedia:%E9%A6%96%E9%A1%B5，维基百科。

https://tass.ru/politika/13138853，俄罗斯 – 塔斯社。

https://www.eia.gov/totalenergy/data/monthly/，美国信息能源署（EIA）。

https://www.abc.net.au/news/chinese/，ABC中文网。

https://www.bea.gov/，美国商务部经济分析局（BEA）。

https://www.commerce.gov/，美国商务部。

https://www.census.gov/，美国人口普查局。

https://www.shihang.org/zh/home，世界银行。

https://www.ceicdata.com/zh-hans，CEIC全球数据库。

https://www.taxpolicycenter.org/，税收政策中心。

https://www.whitecase.com/，伟凯律师事务所。

https://www.fincen.gov/，美国金融犯罪执法网络。

https://www.selectusa.gov/welcome，投资美国。

后 记

在经济全球化背景下，特别是中国加入 WTO 以后，中美经贸关系日益密切，美国成为中国重要的贸易伙伴。在世界面临百年未有之大变局的背景下，中美作为社会制度、历史传统、发展阶段不同的两个大国，两国关系正处于新的阶段，中国企业赴美投资亦面临新的挑战。为继续深化中美经贸往来，满足中国投资者赴美投资需求，云南大学课题组和云南省驻美国（纽约）商务代表处联合编撰了《美国投资贸易指导手册》。云南省驻美国（纽约）商务代表处是云南省人民政府在北美地区设立的对外经贸服务机构，旨在促进云南与北美地区（美国、加拿大、墨西哥）的双向投资与经贸合作交流。

从 2020 年底云南省驻美国（纽约）商务代表处提出更新编撰《美国投资贸易指导手册》计划开始，云南大学课题组和云南省驻美国（纽约）商务代表处双方人员参考大量的政府文件、统计数据和文献资料，最终于 2022 年 4 月编撰完成此书。前期由云南大学课题组与云南省驻美国（纽约）商务代表处讨论后进行全书的框架设计；在正式编撰书稿时，第1 章由贺钰翔完成，第 2 章由吴宇雨完成，第 3 章由陈旻崤完成，第 4 章由雷霜霜完成，第 5 章由许庆红完成，附录由高思蓉、鲁思妍完成。书稿初步完成后，向美国注册会计师瞿斌，云南省对外投资合作协会秘书长王诚，南开大学管理学博士、云南大学副教授尤获，聂帅博士，美国亚利桑那州立大学社会学博士、云南大学副教授游天龙，法国艾克斯马赛大学、中南财经政法大学副教授莫婷婷等专家征求了意见。本书属于云南大学 2021 年度本科校级教学成果奖培育项目、云南大学 2022 年度研究生校级优质课程的阶段性成果。云南大学课题组与云南省驻美国（纽约）商务代表处对书稿进行多次研讨和修改，以保障书稿内容翔实、易读。

在本手册的编撰过程中，众人收集多方资料，力求还原一个真实、实时的美国投资环境，以期为投资者提供切实服务。但由于全球局势变数较大，投资者在进行投资时要始终保持敏锐的眼光，在实际操作中做到因时制宜、有的放矢。由于编者的视野所限，编撰过程中恐有错漏，恳请各位专家和读者斧正。

编　者

2022 年 4 月

图书在版编目（CIP）数据

美国投资贸易指导手册 / 许庆红等编著. -- 北京：
社会科学文献出版社，2022.6
ISBN 978-7-5228-0165-0

Ⅰ.①美… Ⅱ.①许… Ⅲ.①投资环境－美国－手册
Ⅳ.①F171.2-62

中国版本图书馆CIP数据核字（2022）第093177号

美国投资贸易指导手册

编　　著 / 许庆红　陈旻婧 等

出 版 人 / 王利民
组稿编辑 / 恽　薇
责任编辑 / 冯咏梅
责任印制 / 王京美

出　　版 / 社会科学文献出版社·经济与管理分社 （010）59367226
　　　　　　地址：北京市北三环中路甲29号院华龙大厦　邮编：100029
　　　　　　网址：www.ssap.com.cn
发　　行 / 社会科学文献出版社 （010）59367028
印　　装 / 三河市东方印刷有限公司

规　　格 / 开本：889mm×1194mm 1/32
　　　　　　印张：8.5　字数：165千字
版　　次 / 2022年6月第1版　2022年6月第1次印刷
书　　号 / ISBN 978-7-5228-0165-0
定　　价 / 79.00元

读者服务电话：4008918866